JSCP双書《3》

【新訂第2版】

保育者・小学校教員のための教育制度論

―この1冊で基礎から学ぶ―

内山絵美子・山田知代・坂田仰【編著】

教育開発研究所

JSCP双書刊行にあたって

　日本スクール・コンプライアンス学会（JSCP学会）は，学校教育における諸課題の研究・実践を通じて，スクール・コンプライアンス研究の発展に寄与することを目的に設立された研究会，旧「教育紛争検討会」を母体としている。

　今年，日本スクール・コンプライアンス学会は，旧「教育紛争検討会」が2007（平成19）年2月に第1回研究会を開催してから，10年目という節目の年を迎える。この間に見えてきた課題は，教職員が有する学校運営，教育実践面でのコンプライアンスに関わる知識の弱さである。価値観の多様化が進行し，法の「越境」，学校教育の「法化現象」が随所で顕在化している今日，教員養成段階と教員研修の両面でこの弱点を克服する作業が強く求められている。そこで，スクール・コンプライアンスという視点に立ち，10年の歩みを基礎としてJSCP双書を創刊することを決意した。

　本書『保育者・小学校教員のための教育制度論』は，JSCP双書の第三回配本にあたる。執筆にご協力いただいた会員の皆様，特に編集作業に携わってくれた内山絵美子会員，山田知代会員，山口亨会員に感謝するとともに，本書が幼稚園・小学校の教職課程，保育士養成課程のテキストとして，広く活用されることを期待したい。

2017（平成29）年2月1日

JSCP学会を代表して

坂田　仰

JSCP双書《3》

【新訂第2版】

保育者・小学校教員のための教育制度論
—この1冊で基礎から学ぶ— ◇ 目次

※本書掲載法令の条文・条番号等は，特に断りのない限り，
2023（令和5）年10月15日現在のものです。

はじめに─新訂第2版の刊行にあたって─

　「教育改革の時代」といってよいほどに，2000年代以降，大きな教育制度改革が行われています。新たな制度が生まれること，従来の制度が変わることは，何を意味するのでしょうか。

　まず，制度は，社会的な課題の解決を目指す手段です。例えば，国家が関与して国民全体を対象とした教育を行う公教育制度は，それまで貴族や僧侶など特権階級に限られていた教育機関での教育を庶民に開放し，一定の知識技能を身につけた労働者を育成すること，児童労働やスラムから子どもを保護することなどを目指す中で成立してきました。そして，そこには国家の維持発展や平等な権利保障という理念が掲げられたように，制度をつくろう，変えようとするとき，その背後には何らかの目指す社会像，教育像，人間像などがあります。教育改革は，ある理念に基づいて，社会に存在する教育課題を解決していくことだといえます。

　一方で，制度から生まれる課題もあります。例えば，「不登校」は義務教育制度（就学義務）があるがゆえに存在する課題です。また，「小1プロブレム」や「中1ギャップ」のように，学校段階間の区切りや教育環境条件の違いなど，制度に起因する環境の変化に適応できないことから生じる問題もあります。

　教員は，子どもを取り巻く社会的な課題に目を向け，それらがどのように解決されてきたのか，あるいは解決されようとしているのかを知る必要があります。そうした制度改革は，決してみなさんに関係なく決まっているわけではありません。制度は社会的に構築され，変化していくものです。学校や教員は，課題解決の担い手であり，制度改革の推進者であるといっても過言ではないのです。

　本書では，できるだけ平易な表現を用いて，教育制度をわかりや

すく解説するとともに，その背後にある理念や，社会状況，最新の改革動向を丁寧に論じることを試みています。

　第1章・第2章では，教育制度の成立過程や改革動向を明らかにし，現在の教育制度の目的や児童の権利などの基本を確認しました。

　第3章では，学校教育制度の全体像を明らかにしています。我が国における学校制度の整備や，その後の拡充・発展等について検討した章です。第4章・第5章は幼稚園と保育所等について，第6章は義務教育制度について，第7章では特別支援教育の制度について扱いました。制度の目的や原理，それを実現する仕組みなどを丁寧に論じています。第8章では学校教育を支える教員に関する制度について，第9章では中央教育行政と地方教育行政について，第10章では学校経営の制度について，第11章では学校と地域の連携について扱っています。学校教育への厳しいまなざしの中で，学校や教育行政がどのように信頼を得ていくのかが検討されています。

　ここまでが総論的な内容であるのに対し，第12章からは具体的な教育課題に迫る各論的な内容となっています。いじめなど生徒指導上の諸課題にかかわる法制度（第12章）や，児童虐待，子どもの貧困，外国につながる子どもの教育といった教育行政と福祉行政が連携して取り組む課題（第13章），学校安全と子どもの事故（第14章），子育て支援の制度（第15章）について，近年の動向を明らかにしました。

　本書が，社会の動向に目を向け，よりよい教育とは何かを考えるきっかけになれば幸いです。

　2023（令和5）年11月

　　　　　　　　　　　　　　編者を代表して　内山絵美子
　　　　　　　　　　　　　　　　　　　　　　山田　知代

第1章 教育制度とは何か

内山 絵美子

はじめに

　すべての国民（子ども）が学校に通うという，今では当たり前に存在する仕組みは，なぜ，どのように成立したのでしょうか。またその後どう変化してきたのでしょうか。本章では，制度としての教育の成立背景や原則，その後の改革による変化を概観します。そして教育制度とは何か，その意義について考えてみたいと思います。

第1節　制度としての教育

1．制度化された教育

　教える―学ぶという教育的な営み（行為）は，親と子の間，友人同士，上司と部下の間など社会のあらゆるところで行われています。その中で，現在の社会には制度化された教育が存在しています。制度としての教育は，国家（公権力）により意図的，計画的，組織的に行われるものです。それを「公教育」といいます。

　公教育の制度は近代以降に成立しました。歴史上，親による教育以外に，共同体による教育や，ある特定の階級のみが教育を受ける機関も存在してきました。しかし，そうした教育と近代以降の公教育は，社会の成員全体に開かれ，利益をもたらす教育である点で異なります。近代公教育制度は，公権力が関与し（公費，公設，公営），さらに公開や公益（共益）の要素が含まれているのです。

　このような公教育制度の成立・発展は2つの側面からとらえるこ

とができます。①国家および社会の維持・発展の側面と，②個人の能力発達と権利保障の側面です。時代によって2つの側面の強弱は変化してきました。主権者たる国民個人の人生を豊かにしつつ，社会を発展させていくことが公教育に求められているのです。

2．公教育制度の成立

　公教育制度は19世紀に欧米の先進資本主義国（イギリス，フランス，アメリカ，ドイツ）を中心に成立します。その背景には，市民革命，産業革命，国民国家の成立という出来事がありました。

⑴　市民革命

　市民革命とは，絶対主義王政に対して，力のある商工業者から成る中産階級（ブルジョワジー）が自由と平等を求めて起こした革命であり，例えばフランス革命（1789年）がその典型です。自由は，市民を個人として支配から解放し，市民が商工業で得た財産はその個人の所有（自由）とするという私有財産制の確立を意味します。ここに「権利」という発想が生まれます。また，平等は，王族，貴族や僧侶など支配層の特権を剥奪することです。特権階級に対してのみ行われてきた教育も次第に大衆化していくこととなります。

⑵　産業革命

　教育の大衆化を促したのが18世紀後半にイギリスで始まる産業革命（手工業から機械工業への転換）です。産業構造の転換は資本家と労働者という新たな階級を生み出しました（資本主義の成立）。工場など生産手段を所有する資本家は，労働者を雇用し，それを使用して得た余剰価値を自らの利益（利潤）として手に入れました。その中で，労働者には，生産性の向上のために読み書き計算など一定の知識・技能や，従順な労働者としての振る舞いや規範を身につけることが求められました。

　一方でイギリスのチャーチスト運動やフランスの二月革命に代表されるように，労働者が社会的地位の向上を目指して参政権や教育

を受ける権利を要求する運動が起こりました。また，都市部では農村からの出稼ぎや長時間労働で家庭生活の荒廃が進み，児童労働やスラムの子どもの増加が問題となりました。こうした状況に対し国家が家長（親）から子どもを引き離し保護しようという「国親思想」(parens patriae) が登場します。こうして，資本家の側からは勤勉な労働者の育成，労働者の側からは権利保障と子どもの保護（児童労働の禁止と基礎教育の実施）が必要となり，国家による大衆を対象とした教育機関の設置が進められたのです。

(3) 国民国家の成立

　市民革命後，その国の統治を王ではなく「国民」が行う国民主権という考え方が登場してきます。また資本主義社会の到来で，資源のある土地や生産物を売る市場を拡大するため，各国が経済的にも軍事的にも激しく競い合いました（植民地獲得競争）。その過程では，国境を画定し，そこに住む人々を「国民」として統合する必要が出てきます。国民としての意識や，共通言語，国家の維持発展を支える忠誠心などを身につけさせることにより，国家の安定と秩序維持を図ろうとしたのです。そのために，より多くの，ひいてはすべての国民に共通の教育を行う制度が成立することになりました。

第2節　近代公教育制度の原則

　すべての国民（特に子ども）がある一定の教育を教育機関において受けるという制度が実現するためには，次のような原則に則った制度である必要がありました。①義務制，②無償制，③中立性です。

　①義務制とは，国民に対して「教育を受ける義務」を課すものです。当時，家計を支える労働力であった子どもを働かせずに教育を受けさせるためには義務づけの仕組みが必要でした。現在この義務は，子どもの教育を受ける権利を保障するために，国民（保護者）がその子どもに「教育を受けさせる義務」（日本国憲法26条2項）

y9++5p+/

となっています（第 2 章を参照）。

②無償制は，教育を受ける者が支払わなければならない費用を公費で負担することです。公教育制度の導入当初は，教育を受ける費用を自己負担しなければならず，費用を払えない（払いたくない）という理由で「教育を受ける義務」が履行されないこともありました。また平等な権利保障という観点からは，家庭の経済状況にかかわらず教育を受けることができることが要請されました。

③中立性は，多様な思想や信条，宗教や価値観を持つ人々に共通に教育を行うために必要とされた原則です。まず「宗教的中立性」があります。特に欧米では，特定の宗教・宗派に偏らない教育内容を必要としました。現在は我が国でも，憲法が「国及びその機関は，宗教教育その他いかなる宗教的活動もしてはならない」（20 条 3 項）と定めています。教育基本法も「国及び地方公共団体が設置する学校は，特定の宗教のための宗教教育その他宗教的活動をしてはならない」（15 条 2 項）としています[*1]。次に「政治的中立性」です。教育が時々の政治に左右されず，継続的・安定的に行われるべきという原則です。我が国における太平洋戦争時の国家主義・軍国主義的な教育は政治的な思想や宗教を色濃く反映したものでした。そうした教育の在り方を反省し，現在は「法律に定める学校は，特定の政党を支持し，又はこれに反対するための政治教育その他政治的活動をしてはならない」（教育基本法 14 条 2 項）とされています。

これらの 3 原則は，早くは 1642 年のアメリカのマサチューセッツ教育法にみられ，国民共通の初等義務教育が理念として示されています。具体的な制度としては，1763 年にドイツ（プロイセン）で「一般地方学事通則」により 5 歳から 12 歳の初等義務教育が制度化されました。アメリカではホーレス・マンが 1852 年に就学義務を定めてコモンスクールを設置しました。イギリスでも 1870 年に初等教育法が制定されています。日本では，1872（明治 5）

年の学制で国民皆学の理念と保護者の就学義務が示されたのが始まりです（第3章を参照）。無償制は1900（明治33）年の改正小学校令で実現され，2年後には就学率が90％台にまで上昇しました。

第3節　教育制度改革

1．教育改革の展開

　前述の先進諸国における公教育制度の確立は，第一の教育改革といわれています。制度成立初期には，古典を用いた教育方法や社会生活に即さない教育内容に対する批判がなされました。当時の学校は階級や性別で系統が分かれており（複線型の学校体系），上位学校への進学機会の不平等に対しての不満も噴出します。こうして児童中心，生活重視の教育を目指す新教育運動や教育機会の平等を求める統一学校運動などが起こりました。

　第二の教育改革は，20世紀半ばから見られた前期中等教育の義務化と中等教育段階の学校の設置拡大です。大学など高等教育への進学が，その後の社会経済的地位に影響するという認識が広がり，進学希望者が増大しました。そこで大学前段階の教育機関が拡充されていきます。日本では戦後，6・3・3・4制の単線型学校制度が導入され，義務教育が9年に延長されました。

　第三の教育改革は高等教育の大衆化が進んだ1970年代の教育改革を指します。日本では，1971（昭和46）年の中央教育審議会（→用語解説190頁）答申「今後における学校教育の総合的な拡充整備のための基本的施策について」（いわゆる「46答申」）において，高等教育の大衆化時代における教育制度の在り方が示され，その後の教育改革にも影響を与えました。例えば，初等中等教育に関しては，個性を伸ばす教育方法や指導の改善（多様なコース別，能力別の教育），発達段階に応じた学校体系の開発（中高一貫教育や，区切りの見直し），養護学校の義務制の導入（市町村の特殊学

級設置義務）などを提言しています。加えて，生涯学習の考え方が登場し，より多くの人々に高等教育の機会を与えることが目指されます。学問を基盤とする従来の大学とは異なり，職業教育を中心に行う学校や，修業年限が短い大学などが設置されました。この時期には，形式的な教育機会の平等が達成されていく一方で，家庭の経済状況が学校での教育達成に影響し，学歴社会の中で結果として経済格差が固定化されることや，主体的な学びが生まれにくいことなど，学校教育への批判も展開されました[*2]。

2．今日の教育改革

　1990 年代後半から 2000 年代は教育制度の改革がいくつも行われた時期です。その背景には，1970 年代頃より顕著となった児童・生徒の校内暴力，登校拒否，いじめなどの諸問題が，過度の受験競争や管理的な学校教育によるものとされるようになったこと，1980 年代より景気後退の時期に入り，政府の役割を縮小する行政改革（地方分権・規制改革）が推進されてきたことがあります。

　この時期の改革は，企業経営の考え方を公共サービスに取り入れようとする NPM（New Public Management）という手法で特徴づけられます。特に顧客主義の観点からサービスの実施にかかわる権限を受益者に近い現場や民間に委譲するとともに，市場原理も活用しながらサービスの質の向上を図り，国は目標設定と成果管理（事後評価）を行うというように，国の役割を縮小・転換しました。日本で NPM 的行政改革が本格化したのは 1990 年代からですが，内閣に置かれた数々の推進会議[*3]により，教育に関しても様々な改革要求が出されました。特にこれ以降の教育改革の基底となったのが，臨時教育審議会（→用語解説 190 頁）の提言です。

　この時期に行われた主な教育施策には次のようなものがあります。通学区域の弾力化（学校選択制），学習指導要領の内容・授業時数の削減（1998 年改訂版，いわゆる「ゆとり教育」）と，その最低

基準性の明確化，それによる学校裁量の拡大，中高一貫校の設置，学級編制基準の緩和，学校評議員制度・学校運営協議会制度の導入（第11章を参照），校長・教頭の資格要件の緩和（いわゆる民間人校長・教頭の任用），教育特区*4の導入，国公立大学の法人化，全国学力・学習状況調査の導入，学校評価の導入などです。また2006（平成18）年には戦後制定以来，初めて教育基本法が全面改正されました（→用語解説18頁）。

　2010年代に進展したのが教育の情報化です。2017（平成29）年に改訂された学習指導要領では小学校からのプログラミング教育が導入されました。2019（令和元）年には「学校教育の情報化の推進に関する法律」が公布・施行されるとともに，「GIGAスクール構想」*5の実施が決定しました。その後，新型コロナウイルスの流行により，計画は前倒しされ，2020（令和2）年度末までに，ほとんどの小・中学校で端末とネットワークの整備が行われました。以降，ICTを活用した授業や児童・生徒の情報教育の充実，教員のICT活用指導力の向上，端末の維持管理などが課題となっています。

3．令和の日本型学校教育

　こうした中で，2021（令和3）年1月，中央教育審議会（→用語解説190頁）から「『令和の日本型学校教育』の構築を目指して～全ての子供たちの可能性を引き出す，個別最適な学びと，協働的な学びの実現～（答申）」が出されました。本答申は，教員が学習指導と生徒指導の両面から児童・生徒の状況を総合的に把握して子どもたちの知・徳・体を一体で育む「日本型学校教育」を評価しつつ，急激に変化する社会の中で直面する課題を踏まえ，2020年代を通じて実現を目指す学校教育の姿を提言しました。「個別最適な学び」とは，子ども一人ひとりの特性や学習状況に応じた指導・教材の提供や学習時間の設定など「指導の個別化」と，その中で子どもが自身の学習を最適化する「学習の個性化」が図られることです。

「協働的な学び」は，「個別最適な学び」が「孤立した学び」に陥らないよう，探究的な学習や体験活動などを通じ，多様な他者と協働しながら，あらゆる他者を尊重し，社会変化を乗り越えて持続可能な社会の創り手となることができるよう，必要な資質・能力を育成することを目指すものです。答申はこれらを一体的に充実させることが重要としました。

〈註〉

＊1　私立学校では宗教教育を行うことができます（学校教育法施行規則 50 条 2 項）。

＊2　S. ボウルズと H. ギンタスの「再生産理論」（宇沢弘文訳『アメリカ資本主義と学校教育―教育改革と経済制度の矛盾Ⅰ・Ⅱ』岩波書店〈1986-87 年〉）や，B. バーンスティンの「言語コード論」（萩原元昭編訳『教育伝達の社会学―開かれた学校とは』明治図書〈1985 年〉），I. イリッチの「脱学校論」（東洋・小澤周三訳『脱学校の社会』東京創元社〈1977 年〉）があります。

＊3　例えば，臨時行政改革推進審議会（1983〈昭和 58〉年〜中曽根内閣），行政改革会議（1996〈平成 8〉年〜橋本内閣），総合規制改革会議・地方分権改革推進会議（2001〈平成 13〉年〜小泉内閣）などがあります。

＊4　2002（平成 14）年に制定された「構造改革特別区域法」に基づく規制改革の仕組みで，特区として認定されると諸法令の適用が除外されます（→用語解説「株式会社立学校」41 頁）。

＊5　国の予算で義務教育段階の児童・生徒一人につき一台の情報端末を配布し，中等教育段階までのすべての学校で校内のネットワーク環境を整備する事業。

〈参考文献〉

・藤田祐介編著『学校の制度を学ぶ』文化書房博文社（2015 年）

・堀内孜編著『公教育経営概説』学術図書出版社（2014 年）

・文部省『学制百二十年史』ぎょうせい（1992 年）

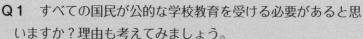

Question

Q1　すべての国民が公的な学校教育を受ける必要があると思いますか？理由も考えてみましょう。

Q2　1990 年代〜 2000 年代に実施された施策について，いつ行われ，どのような内容であったのかを調べてみましょう。

教育基本法の改正

　教育基本法は，日本国憲法の下で，日本の教育および教育制度全体を通じた基本理念と基本原理を定めたものです。形式的には通常の法律規定ですが，準憲法的な性格を有するものと解されています。

　2006（平成18）年，教育基本法は，安倍晋三内閣の下で，「新しい時代にふさわしい教育基本法を」として全部改正が行われました。この改正は，科学技術の進歩，情報化，国際化，少子高齢化などの社会変化に加え，家庭や地域の教育力の低下，規範意識や道徳心の低下，いじめ，不登校など様々な課題が生じていることから，教育の抜本的な改革が必要との認識に基づいており，前文には「公共の精神」や「豊かな人間性と創造性」，「伝統の継承」等の文言が加えられました。新設された条文には，教育の目標（2条），生涯学習の理念（3条），家庭教育（10条），幼児期の教育（11条），学校・家庭・地域住民等の相互の連携協力（13条），教育振興基本計画（17条）等があります。

　特に教育の目標（2条）とその達成のための学校の在り方に関する条項（6条2項）は，学校教育法における義務教育の目標や各学校段階の目標に反映されるとともに，それに基づいて学習指導要領の改訂，教科書検定基準の改訂も行われ，学校の教育活動に大きく影響を与えました。中でも，前文にも含まれる「公共の精神」，「伝統の継承」や「我が国と郷土を愛する」という記述は，戦前の「愛国心教育」への回帰であるとして，大きな論争となりました。

　こうした目標の設定に加え，教育振興基本計画（17条）が，その実施の結果を評価する仕組み（行政評価，学校評価，全国学力・学習状況調査等）と合わせて導入されたことも注目されます。ここに，国の役割をインプットとアウトプットの管理に縮小・転換しつつ公共サービスの質向上を図ろうとするNPM（New Public Management）的な目標管理型の教育経営への転換をみることができます。

第2章 現代の教育制度
―教育を受ける権利の保障―

山田　知代

はじめに

　日本の公教育制度は，最高法規である日本国憲法，そして教育の分野では一般に日本国憲法に次いで重要視されている教育基本法のもとで（日本国憲法―教育基本法体制），学校教育法その他の多様な法令に基づき運営されています。

　本章では，日本国憲法に規定された「教育を受ける権利」を保障するためにどのような仕組みが整えられているのかを概観するとともに（第1節），保護者，国，子どもといった各アクターの教育の権利と自由について触れ（第2節），最後に教育基本法に示された教育の目的・理念について概説します（第3節）。

第1節　教育を受ける権利

1．国民の権利としての教育へ

　戦前，大日本帝国憲法のもとでは，国民は天皇の民とされ，臣民と呼ばれていました。臣民には，兵役の義務，納税の義務，教育の義務という三大義務が課されていましたが，兵役の義務，納税の義務とは異なり，大日本帝国憲法には教育に関する根本規定が置かれていませんでした。教育に関する事項は，天皇が制定する「勅令」によって規定されていたのです。その中心に位置していたのが「教育勅語（教育ニ関スル勅語）」でした。

　戦後，日本国憲法が制定されると，この構造は一変しました。日

本国憲法は，「すべて国民は，法律の定めるところにより，その能力に応じて，ひとしく教育を受ける権利を有する」（26条1項）と規定し，教育は「臣民の義務」から，主権者である「国民の権利」へと転換したのです。

　教育に関わる事項は，「法律の定めるところによ」るとされたのも，戦前とは異なる大きな特徴です。大日本帝国憲法下における教育の「勅令主義」が排除され，日本国憲法下では，教育に関する事項は「法律」によって規定することが求められるようになりました（教育の法律主義）。法律の制定は，国民の代表者によって構成される国会において行われます。教育が「法律の定め」に基づいて行われるということは，つまり，間接的に「国民の意思」が反映された教育制度に則って公教育が行われるということです。日本の公教育制度のありようを決めるのは，主権者である日本国民となりました。これは民主的なプロセスへの転換といえるでしょう。

2．能力に応じてひとしく教育を受ける権利

　日本国憲法26条1項は，国民に対し，「その能力に応じて，ひとしく教育を受ける権利」を保障しています。この規定は，生存権の文化的側面を保障すると同時に，日本国憲法14条1項が定める「法の下の平等」（すべて国民は，法の下に平等であつて，人種，信条，性別，社会的身分又は門地により，政治的，経済的又は社会的関係において，差別されない）を，教育面において反映したものとされています。

　なお，日本国憲法14条1項，26条1項の精神を具体化した規定として，教育基本法では，「すべて国民は，ひとしく，その能力に応じた教育を受ける機会を与えられなければならず，人種，信条，性別，社会的身分，経済的地位又は門地によって，教育上差別されない」（4条1項）と定められています。教育の機会均等を前提としたうえで，各人の能力の違いに応じて異なった教育を行うことを

認める規定と一般に理解されています。

3．教育を受けさせる義務

　子どもの教育を受ける権利を実質化するため，日本国憲法は，「すべて国民は，法律の定めるところにより，その保護する子女に普通教育を受けさせる義務を負ふ。義務教育は，これを無償とする」（26条2項）と規定し，保護者に対して普通教育を受けさせる義務を課しています。義務教育の「義務」とは，「子ども」に対する義務ではなく，「保護者」が負っている義務であることに注意が必要です。

　また，教育基本法も同様に，「国民は，その保護する子に，別に法律で定めるところにより，普通教育を受けさせる義務を負う」（5条1項）という規定を置いています。義務教育の期間は，学校教育法において初めて登場し，保護者は「子に9年の普通教育を受けさせる義務を負う」（16条）とされています。さらに学校教育法では，小・中学校等に就学させる義務が初めて登場し（17条1項，2項），ここで義務の内容が「就学義務」（学校に通う義務）へと転化しているのです。

第2節　教育の権利

1．国家の教育権と国民の教育権

　さて，学校で子どもに教えるべき教育内容は，誰が決めるのでしょうか。もしかすると，保護者が子どもに教えてほしい教育内容と，国が学校教育において必要だと考える教育内容は異なるかもしれません。このように，教育の権利をめぐっては，学校教育の存在を前提として，教育内容の決定権が誰にあるのか，ということが争われてきました。「国家の教育権」と「国民の教育権」の対立，いわゆる教育権論争です。

　国家の教育権説は，「選挙という民主的正統性を背景とした国家

が，政治的プロセスのなかで教育内容を決定するべきである」と主張します*1。これに対し，国民の教育権説は，「教育内容の決定を，教員や保護者（親），地域住民の自律に委ねるべき」と主張し，公教育制度を「親の子に対する教育義務の共同化（私事の組織化）」ととらえます*2。

　この対立について，最高裁判所は，全国一斉学力テストの適法性が争われた旭川学力テスト訴訟判決（最高裁判所大法廷判決昭和51年5月21日）において，国家の教育権説，国民の教育権説を「いずれも極端かつ一方的」であると退けました。そのうえで，国家と国民の双方が，一定の範囲で子どもの教育内容の決定に関与できるという折衷的な立場を採用しています。親については，「子どもに対する自然的関係により…子女の教育の自由を有する」が，「親の教育の自由は，主として家庭教育等学校外における教育や学校選択の自由にあらわれる」とし，国については，「国政の一部として広く適切な教育政策を樹立，実施すべく，また，しうる者として，憲法上は，あるいは子ども自身の利益の擁護のため，あるいは子どもの成長に対する社会公共の利益と関心にこたえるため，必要かつ相当と認められる範囲において」，教育内容を決定する権能を有するとしたのです。また，教員については，一定の範囲における教授の自由を認めつつも，大学教育とは異なり普通教育においては，子どもに教授内容を批判する能力がないこと等から，「教師に完全な教授の自由を認めることは，とうてい許されない」とされました。

2．子どもの権利

　教育について，国家と国民のどちらの意思を優先させるべきかという議論の一方で，「権利主体としての子ども」という発想が広がりを見せていきました。先述の旭川学力テスト訴訟判決では，日本国憲法26条の「背後には，国民各自が，一個の人間として，また，一市民として，成長，発達し，自己の人格を完成，実現するために

必要な学習をする固有の権利を有すること，特に，みずから学習することのできない子どもは，その学習要求を充足するための教育を自己に施すことを大人一般に対して要求する権利を有するとの観念が存在している」という指摘がなされました。いわゆる「学習権」の存在が，最高裁判所判決によって肯定されたことになります。

　また，子どもの権利に関わる大きな出来事として，1989 年に国連総会で「児童の権利条約」（→用語解説 27 頁）が採択されました。これまでもっぱら保護の対象と位置づけられてきた子どもが，権利の主体としても扱われるようになってきたことを表す出来事といえます[*3]。日本は，1994（平成 6 ）年に同条約を批准しました。

３．こども基本法

　日本国憲法および児童の権利条約の精神にのっとった法律として，2022（令和 4 ）年に「こども基本法」が成立しました（2023〈令和 5 〉年 4 月施行）。こども基本法における「こども」とは，「心身の発達の過程にある者」（ 2 条 1 項）とされ，18 歳や 20 歳といった年齢で必要なサポートが途切れないよう，年齢では区切られていません。

　同法の目的は，全ての「こども」が，心身の状況や置かれている環境にかかわらずその権利の擁護が図られ，将来にわたって幸福な生活を送ることができる社会を目指して，社会全体で「こども施策」を進めることです（ 1 条）。「こども施策」とは，大人になるまで切れ目なく行われる「こどもの健やかな成長に対する支援」（例えば，居場所づくり，いじめ対策）や，「子育てに伴う喜びを実感できる社会の実現に資する」ための支援（例えば，働きながら子育てしやすい環境づくり）などのことをいいます（ 2 条 2 項）。

　これらの「こども施策」を行うにあたって大切にする「基本理念」（ 3 条）としては，全ての「こども」について，①個人として尊重され，その基本的人権が保障されるとともに，差別されないこ

と（1号），②適切に養育され，生活を保障され，愛され保護され，健やかな成長および発達並びにその自立が図られることその他の福祉に係る権利が等しく保障されるとともに，教育を受ける機会が等しく与えられること（2号），③年齢・発達の程度に応じて，自己に直接関係する事項に関して意見を表明する機会および多様な社会的活動に参画する機会が確保されること（3号），④年齢・発達の程度に応じて意見が尊重され，その最善の利益が優先して考慮されること（4号）などが示されています。これら3条1号〜4号は，児童の権利条約のいわゆる4原則（①差別の禁止，②生命，生存及び発達に対する権利，③児童の意見の尊重，④児童の最善の利益）の趣旨を踏まえて規定されたものです。

第3節　教育の目的・理念

　教育を受ける権利を国民に保障した日本国憲法のもと，1947（昭和22）年に教育基本法（→用語解説18頁）が制定されました。教育基本法は，教育界においては他の法律と一線を画し，準憲法的な性格を有するものと位置づけられています（→制定法の主な種類については，用語解説191頁）。同法は，2006（平成18）年に，制定以来初めて改正されました。本節では，改正後の教育基本法の「第1章　教育の目的及び理念」のうち，教育の目的（1条）・目標（2条），生涯学習（3条）を扱っていきます。

1．教育の目的・目標

　教育基本法は，「教育は，人格の完成を目指し，平和で民主的な国家及び社会の形成者として必要な資質を備えた心身ともに健康な国民の育成を期して行われなければならない」と教育の目的を定めています（1条）。そして，この目的を実現するため，学問の自由を尊重しつつ，次の5項目を達成すべき目標として定めています（2条）。

①幅広い知識と教養を身に付け，真理を求める態度を養い，豊かな情操と道徳心を培うとともに，健やかな身体を養うこと。
②個人の価値を尊重して，その能力を伸ばし，創造性を培い，自主および自律の精神を養うとともに，職業および生活との関連を重視し，勤労を重んずる態度を養うこと。
③正義と責任，男女の平等，自他の敬愛と協力を重んずるとともに，公共の精神に基づき，主体的に社会の形成に参画し，その発展に寄与する態度を養うこと。
④生命を尊び，自然を大切にし，環境の保全に寄与する態度を養うこと。
⑤伝統と文化を尊重し，それらをはぐくんできた我が国と郷土を愛するとともに，他国を尊重し，国際社会の平和と発展に寄与する態度を養うこと。

　法律に定める学校では，これらの「教育の目標が達成されるよう，教育を受ける者の心身の発達に応じて，体系的な教育が組織的に行われなければならない」とされています（6条2項）。また，教育基本法は，学校教育のみならず，家庭教育や社会教育をも射程とした法律ですので，これらの目標は，家庭教育や社会教育においても意識すべきものである点に留意する必要があります。

2．生涯学習

　生涯学習の概念は，1965年，ユネスコの成人教育推進国際委員会において登場しました。ポール・ラングランらが，人の誕生から死に至るまで，一生を通じて行われる生涯教育の重要性を提唱したのです。こうした海外の動きが日本にも影響を及ぼし，中央教育審議会や臨時教育審議会が生涯学習の理念について議論を展開していくにつれて，日本社会にも生涯学習の概念が浸透していきました。

　2006（平成18）年の教育基本法改正にあたっても，「生涯学習の理念」を取り入れる必要性が述べられ，「国民一人一人が，自己の人格を磨き，豊かな人生を送ることができるよう，その生涯にわたって，あらゆる機会に，あらゆる場所において学習することができ，その成果を適切に生かすことのできる社会の実現が図られなけ

ればならない」（3条）とする規定が新設されました。

　なお，改正された教育基本法では，すべての教育の出発点である家庭教育の重要性を踏まえ，保護者が子どもの教育について第一義的責任を有することを明記した「家庭教育」に関する条項が新設されるとともに（10条），「幼児期の教育」が生涯にわたる人格形成の基礎を培う重要なものであることにかんがみ，国・地方公共団体がその振興に努めるべきことが新たに規定されました（11条）。このように，家庭教育およびこれが中心となる乳幼児期からの教育が重視されるようになったのは，日本社会に生涯学習の理念が浸透してきたこととも関連していると考えられるでしょう。

〈註〉
＊1　坂田仰「教育を受ける権利」勝野正章・藤本典裕編『教育行政学　改訂新版』学文社（2015年）32頁。
＊2　前掲註＊1。
＊3　ただし，子どもの自律的な権利行使に対する制約は，大人の権利行使に対するそれとは根本的に異なり，「保護」という子どもに独特な要素からくる制約が課されていると一般に理解されています（坂田仰「子どもの権利と学校運営」坂田仰・田中洋『補訂第2版　教職教養日本国憲法』八千代出版〈2011年〉212頁）。子どもの飲酒や喫煙，単独での契約行為などが制限されるのはこのためです。

〈参考文献〉
・勝野正章・藤本典裕編『教育行政学　改訂新版』学文社（2015年）
・坂田仰『新教育基本法〈全文と解説〉』教育開発研究所（2007年）
・坂田仰・田中洋『補訂第2版　教職教養日本国憲法』八千代出版（2011年）
・仙波克也・榊達雄編著『現代教育法制の構造と課題』コレール社（2010年）

Question

Q1　戦後，教育が勅令主義から法律主義へと変化したことには，どのような意味があるでしょうか。
Q2　教育基本法の改正理由と主な改正点を調べ，改正にあたりどのような議論があったかを整理してみましょう。

用語解説

児童の権利条約

　児童の権利条約（児童の権利に関する条約）は，18歳未満のすべての人の保護と基本的人権の尊重を促進することを目的として，1989年の国連総会で採択されました。「子どもの権利条約」と呼ばれることもあります。日本は，1990（平成２）年にこの条約に署名し，1994（平成６）年に批准しました。158番目の締約国です。

　同条約において，「児童とは，18歳未満のすべての者」（１条）をいいます。そして，「児童に関するすべての措置をとるに当たっては，公的若しくは私的な社会福祉施設，裁判所，行政当局又は立法機関のいずれによって行われるものであっても，児童の最善の利益が主として考慮されるものとする」（３条１）と規定されています。つまり，児童に影響を与える決定をするときは，「児童の最善の利益」をまず第一に考える必要があるということです。

　では，「児童の最善の利益」とは，どのように決めればよいのでしょうか。その際，大切にすべきことの一つに，「児童の意見を聴く」ということが考えられるでしょう。この点，児童の権利条約は，締約国に対し，「自己の意見を形成する能力のある児童がその児童に影響を及ぼすすべての事項について自由に自己の意見を表明する権利を確保する」ことを求め，「この場合において，児童の意見は，その児童の年齢及び成熟度に従って相応に考慮されるものとする」と定めています（12条１）。いわゆる「児童の意見表明権」と呼ばれるものです。ただし，この規定は，児童が何でも自由に決められることまでを宣言したものではありません。表明された児童の意見が，その年齢・成熟の度合いによって相応に考慮されるべきという理念を定めたものであって，必ず反映されることまでを求めているわけではない点に注意が必要です。

　このほか，児童の権利条約の全文については，外務省のホームページに載っていますので，確認してみるとよいでしょう。

第3章 学校教育制度

堀井　啓幸

はじめに

　一言で学校といっても，様々なかたち（姿）をしています。この章では，現在，過去，未来の3つの視点から学校の姿を概観します。

　まず，「公の性質をもつ学校」「公教育を中心に担う学校」にはどんな種類の学校があり，誰が設置しているのか，今日の学校教育制度を俯瞰します（第1節）。次に，これまで学校はどのように成立してきたのか，成り立ちからみた学校の制度的なつながり（学校体系）を振り返ります（第2節）。そして，最後に今日の学校に求められている課題を考えたいと思います（第3節）。

第1節　今日の学校のかたち

　学校には，学校教育法1条に規定される狭い意味の学校と，それ以外の学校を含めたもう少し広く，組織的，計画的に教育を行う施設としての広い意味の学校があります。

1．多様化する学校

(1)　法律に定める学校（学校教育法1条学校）

　学校教育法1条では，法律に定める学校を「幼稚園，小学校，中学校，義務教育学校，高等学校，中等教育学校，特別支援学校，大学及び高等専門学校」の9種類と規定しています。これらは，学校教育法が定める「公の性質をもつ学校」，「公教育を中心的に担う」学校であり，「1条学校」といわれます。基本的には，1947

（昭和22）年に学校教育法が制定されたときに規定された学校が現在でもその根幹を形作っていますが，これらの学校も時代や社会の変化や要望によってその姿を少しずつ変えてきました。

　例えば，高等専門学校は，高度経済成長を背景に中堅技術者養成を目的として，1961（昭和36）年の法改正により新設されました。その後，1999（平成11）年に中学校と高等学校を一緒にした中等教育学校，2016（平成28）年4月に小学校と中学校を一緒にした義務教育学校が新たに設置されています。また，特別支援学校は，それまで支援の対象外であったLDやADHD，高機能自閉症等のいわゆる「発達障害」への積極的な対応を視野に入れた「特別支援教育」が2007（平成19）年4月からスタートしたことをきっかけに，盲・聾・養護学校から障害種別を越えた特別支援学校として一本化されました（第7章を参照）。特別支援学校には，インクルーシブな教育へのパラダイム転換を図る画期的な教育理念が注入されているのです。

　表3－1に，「1条学校」を中心に直近5年間の学校数の変遷を示しました。この表から，近年，小学校，中学校は減少していることがわかります。少子化が主な理由です。同様に幼稚園や高等学校も減少していますが，幼稚園は認定こども園に，高等学校は通信制など多様な形の高等学校に移行する場合も増えています。

⑵　専修学校および各種学校

　「1条学校」以外の学校で，「学校教育に類する教育を行うもの」を各種学校と呼びます（学校教育法134条1項）。各種学校は，職業や実際生活に役立つ知識・技能などを修得することを目的とした教育施設であり，インターナショナル・スクールや外国人学校，留学生向けの日本語学校など多様な学校があります。

　専修学校は，「1条学校」以外の学校で「職業若しくは実際生活に必要な能力を育成し，又は教養の向上を図ること」（学校教育法

表3－1　学校数の変遷（国公私立計）　　　（校）

	2018(H30)年	2019(R1)年	2020(R2)年	2021(R3)年	2022(R4)年
幼稚園	10,474	10,070	9,698	9,418	9,111
幼保連携型認定こども園	4,521	5,276	5,847	6,269	6,657
小学校	19,892	19,738	19,525	19,336	19,161
中学校	10,270	10,222	10,142	10,076	10,012
義務教育学校	82	94	126	151	178
高等学校（通信教育のみを行う学校）	4,897 (110)	4,887 (113)	4,874 (117)	4,856 (119)	4,824 (126)
中等教育学校	53	54	56	56	57
特別支援学校	1,141	1,146	1,149	1,160	1,171
大学	782	786	795	803	807
短期大学	331	326	323	315	309
高等専門学校	57	57	57	57	57
専修学校	3,160	3,137	3,115	3,083	3,051
各種学校	1,164	1,119	1,102	1,069	1,046

出典）文部科学省「学校基本調査」を基に筆者作成

124条）を目的として組織的な教育を行う機関として都道府県から認可された学校です。1976（昭和51）年に専修学校設置基準ができて，修業年限や授業時数，生徒数などの条件を満たしている各種学校は，専修学校として認可されるようになりました。

　専修学校には高等課程，専門課程，一般課程の3課程があり，高等課程は中学校卒業者，専門課程は高等学校卒業者を対象にしており，一般課程は学歴による入学者の限定はありません。また，高等課程を置く専修学校は高等専修学校，専門課程を置く専修学校は専門学校と称することができます。各種学校や専修学校は地域に密着した社会人の学び直しの学校として，また，生涯学習機関としても重要な役割を果たしています。

(3)　学校教育法以外の法律に規定されたもの

　「1条学校」や各種学校，専修学校などの学校にも属さず，学校教育法以外の法律で規定されている教育機能を有する教育機関も少

なからずあります。例えば，防衛省設置法14条によって設置されている防衛大学校や防衛医科大学校があります。また，職業能力開発促進法15条の７では，職業能力開発校や職業能力開発大学校などが規定されています。さらに，主として福祉や保育の観点から子どもと関わる施設として，保育所や幼保連携型認定こども園など児童福祉法７条１項に規定する「児童福祉施設」があります。

２．「公の性質」が問われる学校

　教育基本法６条１項は，「法律に定める学校は，公の性質を有するものであって，国，地方公共団体及び法律に定める法人のみが，これを設置することができる」と規定し，学校教育法２条１項において学校の設置者は国，地方公共団体，私立学校法に定める学校法人に限定しています（用語解説41頁で紹介する株式会社立学校など，構造改革において特例措置が認められた私立学校と幼稚園には例外規定があります）。

⑴　学校設置者の種類と私立学校の役割

　表３−２に学校設置者別に学校数を示しました。学校数でみると，幼稚園や幼保連携型認定こども園を除き，対象年齢が上がるに従って，それぞれの学校段階において私立学校の占める割合が高くなっていくことがわかります。設置者管理主義（学校教育法５条）により，義務教育である小・中学校は市町村に学校設置義務があるため，私立学校は多くはありませんが，幼稚園や高等学校や大学は設置義務が課されていないため，私立学校の割合が高くなっています。幼稚園の就園率や，高等学校，大学等への進学率が高くなっていく中で，国立，公立学校だけではその需要に追いつかず，その受け皿としての役割を私立学校が担ってきたのです。

　私立学校は，教育基本法15条２項で国公立学校には禁止されている，特定の宗教のための宗教教育が認められるなどその独自性が認められていますが，学校教育は公共的な性格をもっていますので，

表3 - 2　2022（令和4）年度　設置者別学校数

（校）

	計	国立	公立	私立
幼稚園	9,111	49	2,910	6,152
幼保連携型認定こども園	6,657	0	913	5,744
小学校	19,161	67	18,851	243
中学校	10,012	68	9,164	780
義務教育学校	178	5	172	1
高等学校	4,824	15	3,489	1,320
中等教育学校	57	4	35	18
特別支援学校	1,171	45	1,111	15
大学	807	86	101	620
短期大学	309	0	14	295
高等専門学校	57	51	3	3
専修学校	3,051	8	183	2,860
各種学校	1,046	0	5	1,041

＊各学校段階，学校の種類で最も数の多い設置者区分を網掛けしている（筆者）。
出典）文部科学省「文部科学統計要覧　令和5年版（2023）」
（2023〈令和5〉年5月30日）を基に筆者作成

私立学校も公的な規制を受けることになります。

(2)　公教育としての一定水準の維持・確保と学校の姿

　学校では，公教育としての一定の教育水準の維持・確保のために様々な基準が網羅的に規定され，それに基づいて教育活動が展開されています。

　例えば，学校教育法施行規則1条1項では，「学校には，その学校の目的を実現するために必要な校地，校舎，校具，運動場，図書館又は図書室，保健室その他の設備を設けなければならない」とされており，広い運動場が少ない欧米の公立学校の姿とは異なる学校の在り方を規定しています。また，教育基本法や学校教育法における教育の目的・目標を踏まえて学習指導要領に規定される教育課程編成の基準や1学級当たりの児童・生徒数も設定されています。教育行財政は間接的な教育制度といわれますが，補助金も含めて学校教育の質を左右する条件となっています。

　こうした規定や各学校の設置基準によって「公の性質」をもつ学校の姿が形作られてきました。その一方で，これまでの学校は同質性の高い，閉鎖的な学校空間を作りだしてきたのではないかという批判もあります。今日，中央教育審議会（→用語解説 190 頁）では，すべての子どもの可能性を引き出す個別最適な学びと協働的な学びの実現をどのように学校制度に具現化するのか，「今後の方向性」を提言しています（「『令和の日本型学校教育』の構築を目指して～全ての子供たちの可能性を引き出す，個別最適な学びと，協働的な学びの実現～」2021 年）。

第 2 節　学校のなりたちと学校体系

　今日の学校の姿は，学校の仕組みを構成する基本的な枠組みとして，各種の学校を統合関係でみる教育系統と接続関係でみる教育段階との関わりから，「学校体系」といわれます。「学校体系」は，基本的には目的や性別などの違いによって縦にコース分けする「系統性」という視点と，年齢や発達段階，教育水準などの違いに着目した横に区分する「段階性」という視点とによって構造的にとらえることができます（図 3 － 1 ）。

　第 1 節で示した学校の今日的姿は，それぞれの国や地域の「学校体系」として，「系統性」と「段階性」のベクトルが複雑に絡み合った歴史的な学校制度発展過程の中で形成されてきました。

1 ．一般庶民のための学校の確立

　学校（school）はギリシャ語の schole（余暇）を語源としているといわれます。すなわち，文字の発明とともに生活や生産に必要な知識が言葉によって記録されるようになり，特権階級が消閑の場として，その記録文書を読むための文字を覚えながら教養や徳を身につけようとしたことが学校の原点です。学校は，その意味で，その誕生時から特定の支配者階級のための教育機関として，長い間，

一般庶民とは離れたところにありました。

日本で最初に学校の名称が用いられたのは中世時代に創設されたとされる「足利学校」ですが，明治以降の近代学校が誕生する以前は，一般に学校の名称に代えて，「学」「院」「館」「堂」あるいは「舎」「所」などの名称が用いられてきました。それらもみな広い意味

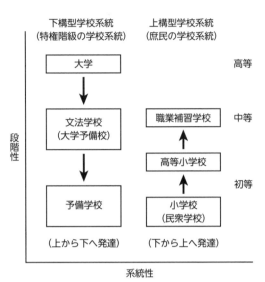

図3-1 学校の成り立ちと学校体系

の学校といえます。江戸時代になると，各地に学校が作られるようになってきました。幕藩体制のもとに成立した武家子弟を教育した藩校は全国で300校近くあったといわれます。庶民のための学校としては寺子屋がありました。手習い師匠などが任意に設置して，近隣の庶民子弟に日常生活に必要な読み書き算盤や漢字の初歩などを教える小規模な教育機関であり，全国に数万校あったといわれています。「閑谷学校」のような藩主によって作られた庶民のための学校もありましたが，一般庶民のための学校教育制度ができたのは，「学制」に始まります。

「学制」は，1872（明治5）年8月2日，学制の趣旨を宣言した太政官布告第214号「学事奨励ニ関スル被仰出書」とともに公布された日本最初の近代的学校制度を定めた教育法令です。フランスの学制にならって，全国を8つの大学区に分け，計8大学校を置き，1大学区を32中学区に分け，計256中学校を置き，さらに

1中学区を210小学区に分け，合計5万3,760小学校を置くことを定めました。国民皆学を目指したものでしたが，今日の学校数に比しても壮大な学校設置を計画するもので実現には至りませんでした。今日につながる学校制度の基盤ができたのは，1886（明治19）年に初代文部大臣森有礼のもとで出された，小学校令，中学校令，師範学校令，帝国大学令といわれています。森有礼が作った学校教育制度の器には，1890（明治23）年に発布された「教育ニ関スル勅語」が盛られましたが，小学校は，1900（明治33）年の改正小学校令で授業料を原則徴収せず，学齢児童の労働を禁止したことで就学率は80％を超えました。

　明治以後，短期間に日本が世界でもトップクラスの経済大国になった要因として，江戸時代からの一般庶民の教育要求の強さがあったことがあげられます。日本では，そうした強い教育要求を学歴要求エネルギーに変え，国家主導で国民社会形成のために極めて短期間に近代的な学校制度が整備されたことに特徴があります。

２．複線型学校体系から単線型学校体系へ

　図3‐2に日本における戦前・戦後の学校教育制度を示しました。

　「系統性」の視点から，日本の学校制度を振り返れば，戦前は小学校まで一緒に就学しても，その後は中等教育段階の学校に進学する子どもとそのまま卒業する子どもに分かれてしまうことから「分岐型」（その形状から「フォーク型」と呼ばれる）学校制度（学校体系）であったことがわかります。特に，中等教育段階から，男子の中学校と女子の高等女学校，普通教育を行う中学校と専門教育（職業教育）を行う実業学校などが並列して存在し，師範学校に進学した場合は，中等教育段階の学校の教員にはなれないことから「袋小路的分岐型」学校体系ともいわれます。

　戦後の学校制度は，一部の国民しか中等教育段階以上の教育を受けることができない複線型教育から，原則として国民誰でも能力が

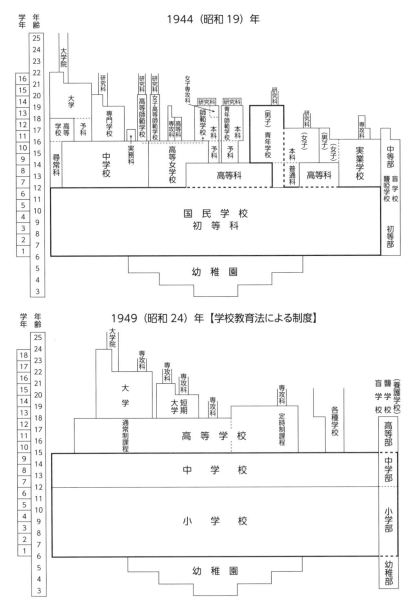

出典）文部省『学制百年史　資料編』（1972 年）を基に作成

図3－2　日本における戦前・戦後の学校教育制度

あれば中等教育以上の教育を受けることができる単線型教育の6・
3・3・4制の学校体系に大幅に改編されました。

3. 諸外国の学校のなりたちと多様性を認める学校の姿

　初等教育から高等教育へと発展した類型を「上構型」学校系統と
称し，大衆の教育ニーズへの対応として把握することができます
（図3－1）。日本では，学制発布を通じて，大衆の間での教育が
3R's（読み，書き，計算）と略称される初歩的な基礎知識を与え
る学校教育から，産業構造の高度化や多様化などに対応して，より
高いレベルの職業教育や「富国強兵」，「良妻賢母」といった国家目
的に規定された教育の強化へと変貌を遂げました。

　一方，大学ができ，これにその予備門的な学校などが整備されて
くる過程を示したものを「下構型」学校系統と称します（図3－1）。

　ヨーロッパの学校では，例えば，世界最古の大学といわれるイタ
リアのボローニャ大学のように，その起源は，知識や学問を学ぼう
とする教師や学生が，中世の組織的な教育の中心を担い記録や文献
を豊富に所蔵していた修道院付属学校に門戸を開くことを要望した
ことに始まります。その結果，学園都市が形成され，同業者組合
（ラテン語で組合を Universitas といいます）を作ったことが大学
の起源といわれます。その後，大学に入学するための中等教育学校
や初等教育学校が整備されました。

　12～13世紀に今日の大学に当たる学校ができたヨーロッパの
ように学校の歴史が古い地域では，特権階級が学ぶ「下構型」学校
系統と一般庶民が学ぶ「上構型」学校系統が並列し，「複線型」学
校体系として学校制度が長い間ありました。社会階級によって分断
された学校系統の二重構造をいかに解消するかが大きな課題でした。
ヨーロッパでは，19世紀末から20世紀初頭にかけて展開された
「統一学校運動」によって「分岐型」学校制度ができました。

　イギリス（イングランド）では，1870年のフォスター法によっ

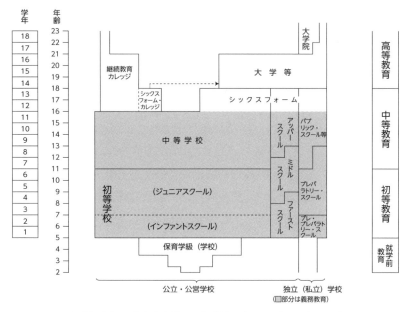

出典）文部科学省「諸外国の教育統計令和5（2023）年版」を基に作成

図3‐3　イギリスの学校系統図

て，公立の学校設置が義務づけられ，労働者階級が学校に就学でき
ることになり，さらにバトラー教育法（1944年）によって，公教
育制度は初等，中等，継続という3つの連続した教育段階に組織
され，義務教育年限は15歳に延長されました。現在でも学校数の
約1割が「下構型」学校系統の流れを組む私立学校（独立学校）
で占められていますが（図3‐3），これまでの学校の伝統を残し
ながらも，義務教育期間を長くし（小学校に「レセプションクラ
ス」を設定して小学校の開始年齢を実質的に下げる形で就学前教育
と初等教育も接続させています），アカデミー法（2010年）によ
って教育課程や学校運営の規制緩和を進めています。また，学校に
行かず，家に拠点を置いて学習するホーム・エデュケーション
（home education，アメリカではhomeschooling）が認めら

れています。

　日本では2016（平成28）年に「義務教育の段階における普通教育に相当する教育の機会の確保等に関する法律」が公布されましたが，不登校児童・生徒数は増加し続けています。イギリスをはじめ欧米各国における多様な教育の在り方を模索する学校制度は，今後の我が国の学校教育制度を考えるときに示唆的です。

第3節　多様性を認める学校教育制度

　近年，学校設置者の多様化とともに，学校制度の縦の接続や連携が特に注目されています。

　本書の他章などでも触れられているように，①幼保連携による認定こども園などの創設，②スタートカリキュラムを含む保幼小連携，③義務教育を9年間で一体的に行う義務教育学校の創設，④中高一貫教育を一体的に行う中等教育学校の創設，⑤高大接続です。高大接続では同世代の過半数が進学するようになった高等教育に対して，学力不足などが問題視され，「リメディアル（Remedial）教育」の必要性が指摘されています。リメディアル教育とは高等教育を受けるには学習が遅れていると思われる者に対して行う補修教育のことです。しかし，高等学校の授業についていけない多くの生徒の現状や，そうした現状を踏まえた高等学校までのカリキュラムと大学のカリキュラムとの不連続性の問題を考えると，補修教育の問題にとどまらない大きな課題がありそうです。

　戦後の日本の学校教育は，単線型学校体系の下，平等性と効率性を両立させてきました。アメリカに匹敵する就学率の高さ，教育の大衆化など我が国の教育は形式的には極めて平等であり，同時に高い学力水準を保ち，高等学校，大学を含む高等教育機関への進学率の高さ，産業社会への適応度などを見ると十分効率的でもありました。しかし，こうした平等性と効率性のバランスの良さは，日本の

社会の同一性志向，年功序列型の経営方針を反映したものであり，国民はいわゆる学歴社会のジレンマといわれる学校間格差などの問題を仕方がないものと認識せざるを得なかったのかもしれません。日本の学校教育の拡大は，我が国が高度産業社会に脱皮する原動力にはなったものの，質的整備が整わず，学歴偏重の風潮などの社会的現象も加わって校内暴力やいじめ問題，不登校（登校拒否）問題などいわゆる学校病理（教育病理）を生み出す要素となりました。

　今，日本は多様性を認める社会になろうとしています。多様性を認めながら，子どもの学習権を実質的に保障していくために学校はどうあるべきなのか。それぞれの学校の質や学校間のつながりを重視する学校設置者の多様化や学校段階間の接続や連携を図る改革は，これまで学校を中心に教育機会の量的な拡充が図られてきた学校の在り方にパラダイム転換を迫るものなのかもしれません。

〈参考文献〉
・文部省『学制百年史』（1972年）
・堀井啓幸『現代学校教育入門―「教育環境」を問いなおす視点―』教育出版（2003年）
・日本学校教育学会編『資料解説　学校教育の歴史・現状・課題』教育開発研究所（2009年）
・入澤充・岩﨑正吾・佐藤晴雄・田中洋一編著『学校教育法　実務総覧』エイデル研究所（2016年）
・『教職研修』編集部編『ポスト・コロナの学校を描く―子どもも教職員も楽しく豊かに学べる場をめざして』教育開発研究所（2020年）

Question

Q1　「法律に定める学校」に求められる「公の性質」とは何か，考えてみましょう。

Q2　1872（明治5）年から現在までの進学率の変化と学校教育制度の変遷を調べ，学校教育機能がどう変化，発展したのかを考えてみましょう。

用語解説

株式会社立学校

　株式会社立学校とは，構造改革特別区域（以下，特区）を利用して，学校設置会社により設置された学校をいいます。

　これまで，学校は「公の性質」をもつものとされ，教育基本法6条，学校教育法2条1項で，国，地方公共団体，私立学校法3条に定める学校法人のみが設置することができるとされてきました。しかし，構造改革特別区域法によって，特区に指定された地域では，特別な学校の設置が承認されることとなりました。教育特区では，例外的に株式会社や特定非営利活動法人（NPO法人）にも学校の設置が認められ，校地・校舎の自己所有要件の緩和など学校の設立要件が緩和されました。これまでに申請が認められた事例として，株式会社やNPO法人による学校の設置や運営が認められている特区，英語等を重視し学習指導要領等の教育課程基準によらない授業を展開する特区などがあります。

　構造改革特別区域法12条1項には，株式会社による学校設置が認められるのは，特区において「地域の特性を生かした教育の実施の必要性，地域産業を担う人材の育成の必要性その他の特別の事情に対応するための教育又は研究を株式会社の設置する学校〔…〕が行うことが適切かつ効果的である」と認める場合とされています。

　株式会社立学校が特別に認められるようになった背景には，厳しい経済情勢の下，それを何とか打破しようとする小泉純一郎内閣（当時）での民間活用を含めた大胆な規制緩和政策がありました。しかし，実際に設置が認められると，規制緩和を教育の質向上や多様なサービスの提供，創意工夫につなげるのではなく，安易で簡便な教育活動の提供などの問題も顕在化して，必ずしも当初の意図が実現できているとはいえない状況が続いています。何のための規制緩和なのか，学校教育制度の原点に立ち返って考えることが必要です。

第 4 章 幼児教育制度

牧瀬　翔麻

はじめに

　2006（平成18）年に約60年ぶりに改正された教育基本法は，新たに「幼児期の教育」を明記し，生涯にわたる人格形成の基礎を培う幼児教育について，国と地方公共団体の責務を規定しました。

　近年は，幼児教育の充実に対する関心の高まりを背景に，幼保一元化の改革や認定こども園制度の改善，子ども・子育て支援新制度の展開など，幼児期の教育を取り巻く制度や環境が大きく変容しています。本章では，これまでの幼稚園教育の姿を確認しつつ，これからの幼稚園の意義や期待される役割について考えてみましょう。

第1節　これまでの幼稚園の姿

1．幼稚園の成立とフレーベルの恩物

　近代以降，ルソー（Rousseau, J. J.）やペスタロッチ（Pestalozzi, J.）らの影響を受けながら，世界で初めて幼稚園を創設した人物としてドイツのフレーベル（Fröbel, F.W.）が知られています。幼稚園の設立趣意書には次の一文が記されています。

神の保護と経験豊かで洞察のすぐれた園丁（えんてい）の配慮とのもとにある庭においては，植物が自然と調和して育てられるように，このドイツ幼稚園では，人間というもっとも高貴な植物，すなわち人類の萌芽でありまた一員である子どもたちが，自己，神および自然と一致して教育される[1]

　ここからは，フレーベルがキンダーガルテン（kindergarten，「子どもの花園」の意味）において伸長する植物を子どもに，園丁（公園や庭園の手入れをする人，庭師）を保育者に，見立てていたことが理解できます。

　フレーベルは，子どもが自発的な「遊び」を通して，他の子どもや大人・保育者を思いやりながら人間関係を築く教育的効果に注目し，それにふさわしい遊具として恩物（Gabe，英語でGift）を自ら製作しました。恩物は，第1恩物から第20恩物まであり，段階的に複雑になるように設計されています。これによって，創造性などの幼児のもつ力を発展していく機能が期待されています。この恩物を置いた「一般ドイツ教育所」と「自己教授と自己教育とに導く直感教授の教育所」が幼稚園（kindergarten）のはじまりでした。

　幼児教育の父とも評されるフレーベルの幼児教育の思想と実践は，その後日本にも持ち込まれ，日本の幼稚園教育の展開にも大きな影響を与えました。

2．日本における幼稚園の導入と普及

　日本において今日の幼稚園教育の基礎を築いたのは，1876（明治9）年11月に開園した東京女子師範学校附属幼稚園でした。これが日本で最初の幼稚園とされています。

　当時の政府は，近代学校教育制度の整備を進めており，1872（明治5）年に学制を発布しました。学制には小学校の一つとして「幼稚小学」の規定がありましたが，「幼稚小学ハ男女ノ子弟六歳迄ノモノ小学二入ル前ノ端緒ヲ教ルナリ」（第22章）と説明されるのみで，実際に幼稚小学の設立はありませんでした。このような中で創設された東京女子師範学校附属幼稚園は，その後の日本の幼稚園教育に大きな影響を与えていきました。

　初代の監事（園長）はフレーベルの幼稚園教育に精通する関信三

が就任し，首席保母には，ドイツの保母養成学校を卒業し，フレーベル主義に基づく教育を受けた松野クララが招かれました。日本の幼稚園教育草創期は，フレーベルの思想と実践から多分に影響を受けていました。また，附属幼稚園には保母練習科が設けられ，ここで保育法を学んだ女子らが全国各地の幼稚園の普及に尽力しました。

　幼稚園が徐々に普及する中で，1899（明治32）年に文部省は「幼稚園保育及設備規程」を定め，保育の内容と施設設備，遊具などの基準を国として初めて示しました。この頃には，恩物中心の形式的な保育への批判が目立ち，大正期にかけて，より幼児本位の関心や興味，主体性を尊重した保育が模索され始めました。

　1926（大正15）年には単独の勅令として「幼稚園令」が発布されました。ここで，幼稚園には家庭教育の補助的な性格が与えられ，他の学校とは異なる役割が期待されました。

　戦後，1947（昭和22）年には学校教育法が制定され，それまでの学校種ごとの勅令を廃止し，体系的な学校制度が整備されました。幼稚園は，満3歳以上の子どもに対して教育を体系的かつ組織的に行う学校とされました。

　今日では，教育課程に係る教育時間の終了後に希望する者に対して預かり保育を実施したり，幼稚園と保育園の両方の機能を備えた認定こども園制度を創設したりするなど，幼稚園における子育て支援の役割が求められています。

第2節　今日の幼稚園の姿

1．幼稚園教育の目的と目標

　2006（平成18）年に改正された教育基本法は，幼児教育の充実を図るために，その11条で幼児教育の重要性ならびに国と地方公共団体の責務を新たに定めました。幼児期の教育が生涯にわたる人格形成の基礎を培うとする観点から，幼児の健やかな成長につな

がる良好な環境の整備など，幼児教育の充実について国と地方公共団体の努力義務を規定しています。

　ここでの幼児とは小学校就学前の者を指し，幼児教育とは幼児が生活するすべての場において行う教育を総称したものです。したがって，幼稚園とともに就学前教育を担う保育所や認定こども園，家庭，地域社会の役割も重要であることに留意しなければなりません[*2]。

　改正教育基本法の新しい教育理念を踏まえ，2007（平成 19）年には学校教育法が大幅に改正されました。同法は，学校教育の充実を図るために，新たに義務教育の目標を定め，各学校種の目的・目標を見直しました。幼稚園の目的については，旧法が，「幼児を保育し，適当な環境を与えて，その心身の発達を助長すること」（77 条）と定めていましたが，新法は，「義務教育及びその後の教育の基礎を培うものとして」（22 条）等の文言を追加し，幼児期の教育を生涯にわたる人格形成の基礎として位置づけたことが確認できます[*3]。

　学校教育法 23 条は，前条に掲げる目的を実現するために次の 5 つの目標を規定しています。これは，幼稚園教育要領（→用語解説 53 頁）が示す 5 領域（健康，人間関係，環境，言葉，表現）に対応しており，毎日の教育活動でこれらの目標をいかにバランスよく達成するかが問われています。

①健康，安全で幸福な生活のために必要な基本的な習慣を養い，身体諸機能の調和的発達を図ること。

②集団生活を通じて，喜んでこれに参加する態度を養うとともに家族や身近な人への信頼感を深め，自主，自律および協同の精神ならびに規範意識の芽生えを養うこと。

③身近な社会生活，生命および自然に対する興味を養い，それらに対する正しい理解と態度および思考力の芽生えを養うこと。

④日常の会話や，絵本，童話等に親しむことを通じて，言葉の使い方を正しく導くとともに，相手の話を理解しようとする態度を養うこと。'

⑤音楽，身体による表現，造形等に親しむことを通じて，豊かな感性と表現力の芽生えを養うこと。

　幼稚園の教育活動について，学校教育法施行規則37条は，毎学年の教育週数を「特別の事情のある場合を除き，39週を下つてはならない」と定めており，さらに，幼稚園教育要領が，１日の教育課程にかかる教育時間の標準を４時間とすることを明示しています。

２．家庭・地域への教育支援

　近年は，子ども・子育て支援法の成立（2012〈平成24〉年）などにみられるように，子育て・家庭を社会的に支援する体制の充実が図られています。

　幼稚園の子育て支援の機能として，保育の必要性があると認定された場合の預かり保育があります。主に在籍園児を対象として教育時間の前後や長期休業期間に預かるもののほか，幼稚園・保育所等に在籍していない乳幼児を一時的に預かるもの（一時預かり事業受託園）などがあります。2021（令和３）年度に預かり保育を実施している幼稚園は全体の90.1％（公立：76.4％，私立：96.9％）に上っています[*4]。

　学校教育法24条は，幼稚園に対して，保護者や地域住民などへの幼児教育の支援に努めるように求めています。平成29年版幼稚園教育要領は，幼稚園の運営に関して，「子育ての支援のために保護者や地域の人々に機能や施設を開放して，園内体制の整備や関係機関との連携及び協力に配慮しつつ，幼児期の教育に関する相談に応じたり，情報を提供したり，幼児と保護者との登園を受け入れたり，保護者同士の交流の機会を提供したりするなど，幼稚園と家庭が一体となって幼児と関わる取組を進め，地域における幼児期の教

育のセンターとしての役割を果たすよう努める」と明示しました。

　地域における幼児期の教育センターとしての役割は，平成 10 年版幼稚園教育要領がすでに指摘しており，未就園児を対象とした園庭・室内等の施設開放や夏季のプール開放，子育て相談や園行事の一部参加など，施設や機能を開放した取組みが行われてきました。平成 29 年版幼稚園教育要領は，今後さらに，心理や保健の専門家，地域の子育て経験者等との連携・協働に配慮するよう求めています。

３．幼稚園の条件整備

　2022（令和４）年時点で幼稚園は全国に 9,111 園あり，内訳は，国立が 49 園，公立が 2,910 園，私立が 6,152 園となっています（文部科学省「令和４年度学校基本調査」）。私立幼稚園が６割以上を占めることから，幼稚園は私立依存が高いことが特徴といえます。

　幼稚園には，園長，教頭および教諭を置かなければなりません（学校教育法 27 条１項）。それぞれの職務について，園長は「園務をつかさどり，所属職員を監督する」こと（27 条４項），教頭は「園長（副園長を置く幼稚園にあつては，園長及び副園長）を助け，園務を整理し，及び必要に応じ幼児の保育をつかさどる」こと（27 条６項），教諭は「幼児の保育をつかさどる」こと（27 条９項）と規定しています。このほかに，副園長，主幹教諭，指導教諭，養護教諭，栄養教諭，事務職員，養護助教諭などを配置することができます（27 条２項）。学校医，学校歯科医および学校薬剤師は置くものとされ（学校保健安全法 23 条１項，２項），通常は非常勤職員として任命または委嘱されています。

　一学級あたりの幼児数や幼稚園施設設備に関しては，幼稚園設置基準が必要な最低基準を定めています。幼稚園は学級を編制することを前提としており，他の学校種と同様に，原則として同年齢の幼児で編制されます（幼稚園設置基準４条）。一学級の幼児数は原則 35 人以下とし，各学級に少なくとも専任の教諭等を１人置かなけ

ればなりません（幼稚園設置基準３条，５条１項）。ただし，特別の事情があるときは，当該幼稚園の学級数の３分の１の範囲内で専任の助教諭もしくは講師による代替ができます（幼稚園設置基準５条２項）。

　施設設備について，園舎は２階建以下を原則とし，一部例外を除き，保育室，遊戯室，便所は１階に設置しなければならない（幼稚園設置基準８条１項）ほか，学級数に応じた園舎および運動場の面積等も別表に定められています。

４．国・地方公共団体による幼児教育の推進

　教育基本法17条は，教育の振興に関する基本的な計画（教育振興基本計画〈→用語解説115頁〉）の作成を政府に義務づけています。これまでの教育振興基本計画は，幼児教育の充実を掲げ，質の高い幼児教育を推進する体制の構築を目指してきました。これまでの計画を踏襲し，「第４期教育振興基本計画」（2023〈令和５〉～2027〈令和９〉年度）は，幼児教育について次のように明記しています。

> 〈幼児教育の質の向上〉
> 　幼児期の教育は生涯にわたる人格形成の基礎を培う重要なものであることから，幼児教育の内容の改善・充実を図るとともに，幼児教育推進体制を活用した地域の幼児教育の質の向上を図るための取組を推進する。また，幼児教育と小学校教育の接続の改善に向け，幼保小の関係者が連携したカリキュラムの開発・実施を進めるとともに，データに基づいた幼児教育の質の保障が可能となるよう大規模実態調査等を実施する。

　各自治体の中には，幼児教育の一層の推進を図るために，幼児教育センターを設置するところもあります。

　幼児教育センターは，幼児教育の内容や指導方法に関する調査研究，保育者や幼児教育アドバイザーに対する研修の実施，幼児教育

施設に対する助言・情報提供などを行い，地域における幼児教育の拠点として位置づけられています[*5]。幼児教育アドバイザーは，専門的な知見や豊富な実践経験を有し，幼児教育施設等への訪問支援等を通じて，教育内容や指導方法，環境の改善等について助言を行います[*6]。幼児教育の質の更なる向上を図るために普及が目指されています。

　2021（令和3）年時点で，幼児教育センターを設置している自治体は27都道府県と90市町村にのぼり，幼児教育アドバイザーは39都道府県と708市町村で配置されています[*7]。

　幼児教育・保育の形態が多様になりつつある中で，幼児教育の質の向上はもちろんのこと，それに直結する保育者の専門性，資質能力の向上をいかにして確保，保障するのかが追究されています。

第3節　これからの幼稚園の姿

1．幼小接続・幼保小連携

　子どもの発達や学びの連続性を保障するために，幼児期と児童期の教育を円滑に接続する体系的・組織的な教育の在り方が問われています。幼児期はゆるやかな遊びを通じた総合的な教育が展開される一方で，小学校入学以降は時間割があり，集団での教科教育などが始まります。生活環境や学習環境の変化に不適応を起こす子どももおり，「小1プロブレム」（→用語解説191頁）などへの対応が求められています。

　平成29年版幼稚園教育要領は，小学校教育との接続にあたっての留意事項として，「幼稚園においては，幼稚園教育が，小学校以降の生活や学習の基盤の育成につながることに配慮し，幼児期にふさわしい生活を通して，創造的な思考や主体的な生活態度などの基礎を培うようにするものとする」と明記し，小学校教育につながる思考や生活態度の基礎を身につけることを目指しています。また，

「幼児期の終わりまでに育ってほしい姿」として，幼児期の教育を通して育まれる幼児の具体的な姿を示しました。これは，5歳児後半の評価の手立てともなるものであり，保育者と小学校教員がこの姿を共有することで円滑な接続を図ることが期待されています。

　小学校教育では，平成20年版小学校学習指導要領解説生活編において，円滑な接続を目的とするカリキュラム編成の工夫として「スタートカリキュラム」を示しました。「スタートカリキュラム」は，小学校へ入学した子どもが，幼稚園などでの遊びや生活を通した学びと育ちを基礎として，主体的に自己を発揮し，新しい学校生活を創り出すためのカリキュラムとされています[*8]。

　その後，平成29年版小学校学習指導要領総則では，「特に，小学校入学当初においては，幼児期において自発的な活動としての遊びを通して育まれてきたことが，各教科等における学習に円滑に接続されるよう，生活科を中心に，合科的・関連的な指導や弾力的な時間割の設定など，指導の工夫や指導計画の作成を行うこと」を求め，学校段階等間の接続に配慮を求めています。スタートカリキュラムにおける合科的な指導としては，例えば，生活科の学校探検で気づいたことを表現・伝え合う学習活動において，国語科の内容である「伝えたい事柄や相手に応じて，声の大きさや速さなどを工夫すること」について指導することなどが考えられます[*9]。

2．幼稚園の新しい姿としての認定こども園

　幼稚園と保育所の一体化・一元化を目指す考え方は以前からありましたが，幼児教育行政と保育行政の二元体制（いわゆる縦割り行政）に伴う設置主体，幼稚園教諭と保育士の免許・資格，設置基準などの条件の相違が大きく，実現の難しさがありました。

　しかし，女性の社会進出にみる家庭環境の変化，保育ニーズの高まり・多様化などを背景に，従来の幼稚園・保育所制度では対応が難しい問題が顕在化してきました。これに対応するために，2006

（平成 18）年に「就学前の子どもに関する教育，保育等の総合的な提供の推進に関する法律」（認定こども園法）が制定され，幼稚園と保育所の両方の機能を併せもつ認定こども園制度が開始しました。しかし，認定等にかかる手続きの煩雑さなどの問題から，当時の認定こども園の設置数は限定的でした。

　その後，2012（平成 24）年に子ども・子育て関連 3 法（子ども・子育て支援法，認定こども園法の一部改正法，子ども・子育て支援法及び認定こども園法の一部改正法の施行に伴う関係法律の整備等に関する法律）が成立し，幼児期の学校教育・保育，地域の子ども・子育て支援の総合的な推進が目指されました。子ども・子育て支援新制度では，学校と児童福祉施設の両方の法的位置づけをもち，学校教育・保育および家庭における養育支援を一体的に提供する施設として，新たな幼保連携型認定こども園制度が創設されました。幼保連携型認定こども園については，幼保連携型認定こども園教育・保育要領が新たに策定されたほか，学校教育と保育を一体的に提供する施設であるため，幼稚園教諭と保育士資格の両方の免許・資格を有する保育教諭が担当することとされています。

〈註〉

＊1　小原圀芳・荘司雅子監訳『フレーベル全集第 5 巻　続幼稚園教育学　母の歌と愛撫の歌』玉川大学出版部（1981 年）105 頁。

＊2　中央教育審議会「子どもを取り巻く環境の変化を踏まえた今後の幼児教育の在り方について（答申）」（2005〈平成 17〉年 1 月 28 日）参照。

＊3　学校種の規定順についても，旧法 1 条が，「学校とは，小学校，中学校，高等学校，中等教育学校，大学，高等専門学校，特別支援学校及び幼稚園とする」と定めていたものを，新法 1 条は，幼稚園を筆頭に改め，学校教育の入り口として法的に位置づけることで，小学校以降の教育との発達や学びの連続性を明確に示しました。

＊4　文部科学省「令和 3 年度幼児教育実態調査」https://www.mext.go.jp/a_menu/shotou/youchien/20230308-mxt_kouhou02-1.pdf

（最終アクセス日：2023〈令和5〉年6月28日）。

＊5　文部科学省HP「幼児教育の推進体制構築事業」https://www.mext.
go.jp/a_menu/shotou/youchien/1372594.htm（最終アクセス日：
2023〈令和5〉年6月28日）。

＊6　文部科学省「幼児教育推進体制を活用した地域の幼児教育の質向上強化
事業」https://www.mext.go.jp/a_menu/shotou/youchien/
1405077_00011.htm（最終アクセス日：2023〈令和5〉年6月28日）。

＊7　前掲註＊4。

＊8　文部科学省国立教育政策研究所教育課程研究センター「スタートカリキ
ュラムスタートブック」（2015〈平成27〉年1月）https://www.nier.
go.jp/kaihatsu/pdf/startcurriculum_mini.pdf（最終アクセス日：2023
〈令和5〉年6月28日）。

＊9　文部科学省国立教育政策研究所教育課程研究センター編著「発達や学び
をつなぐスタートカリキュラム」https://www.nier.go.jp/kaihatsu/pdf/
startcurriculum_180322.pdf（最終アクセス日：2023〈令和5〉年6月
28日）。

〈参考文献〉

・文部省『幼稚園教育百年史』（1979年）
・辻本雅史監修，湯川嘉津美・荒川智編著『論集現代日本の教育史第3巻
幼児教育・障害児教育』日本図書センター（2013年）
・伊藤良高『増補版幼児教育行政学』晃洋書房（2018年）
・秋田喜代美監修，山邉昭則・多賀厳太郎編『あらゆる学問は保育につながる
─発達保育実践政策学の挑戦─』東京大学出版会（2016年）

Question

Q1　幼稚園の教育に期待される役割はどのように変化してき
たのかを考えてみましょう。

Q2　幼稚園の教育と小学校の教育の相違点と共通点は何かを
考えてみましょう。

用語解説

幼稚園教育要領

　幼稚園教育要領は，幼稚園における教育課程（教育目標を達成するために，教育内容を組織的に配列した計画）の基準を大綱的に定めたもので，公の性質を有する幼稚園の一定の教育水準を全国的に確保する役割があります。学校教育法25条1項は，「幼稚園の教育課程その他の保育内容に関する事項は，第22条及び第23条の規定に従い，文部科学大臣が定める」と規定しており，幼稚園教育要領は文部科学大臣による告示という形式をとります。それぞれの幼稚園が，幼稚園教育要領を踏まえ，各園の特色を生かして創意工夫を重ねながら，教育活動の充実を図ることが期待されています。

　平成29年版幼稚園教育要領は，「生きる力」の基礎を育むために，①知識及び技能の基礎，②思考力，判断力，表現力等の基礎，③学びに向かう力，人間性等の3つの資質・能力を一体的に育むよう努めることを明記しています。さらに，3つの資質・能力が育まれている幼児の幼稚園修了時の具体的な姿を10項目の「幼児期の終わりまでに育ってほしい姿」として提示し，保育者が自らの実践を振り返る視点として位置づけています。これらの姿はあくまでも保育者が指導を行う際に考慮する視点であり，それぞれに関連する教育実践をしたり，目指す「能力」としてとらえたりするものではないことに留意しなければなりません。

　また，幼稚園教育要領は，「幼児一人一人の特性に応じ，発達の課題に即した指導」を重視しなければならないとしています。幼児一人ひとりの発達の理解に基づいた評価の実施にあたっては，「指導の過程を振り返りながら幼児の理解を進め，幼児一人一人のよさや可能性などを把握し，指導の改善に生かすようにすること」として，幼児間で比較して優劣をつける評価とならないように留意することを明示しています。これについては，文部科学省『幼児理解に基づいた評価』（2019〈平成31〉年3月）をあわせて確認しておきましょう。

第5章

保育所制度の構造
―児童福祉法，保育所―

坂田　仰

はじめに

　2015（平成27）年4月1日，新しい子ども・子育て支援制度が動き出しました。新制度は，「『保護者が子育てについての第一義的責任を有する』という基本的な認識のもとに，幼児期の学校教育・保育，地域の子ども・子育て支援を総合的に推進」していくことを目指しています（内閣府「令和2年版少子化社会対策白書」）。

　しかし，この理想が実現するためにはまだ多くの課題が残されています。待機児童の問題，保育士の不足，地域の教育力の低下など，数え上げればきりがありません。新しい動きと現実の狭間で，保育制度の背景にある，育児の社会化，子育ての外部化という古くて新しい課題は，今も揺れ続けています。本章では，児童福祉法，保育所をキーワードにこの課題と向き合っていきます。

第1節　保育所の誕生

　保育所，保育園は，夫婦共働きの家庭など，家庭で保育のできない児童を預かり，保護者に代わって保育に当たる通所型の施設の総称です。

　近代的意味での保育所は，産業革命期のイギリスで誕生しました。後に空想的社会主義者と称される「ロバート・オウエン（Robert Owen）」が，1816年に自らが経営する工場内に設置した教育施設，「性格形成学院（The New Institution for the Formation of Character)」です。オウエンは，性格形成学院に 1 歳から 6 歳の子どもを対象とした「幼児学校（Infant School）」を設けました。これが，世界で最初の近代的な保育施設と考えられています。そのため，オウエンは「保育所の父」と呼ばれることもあります。

　日本における保育施設の歴史は明治期に始まります。日本最初の施設は，1871（明治 4）年，アメリカ人宣教師によって横浜に作られた託児所だといわれています。しかし，この施設は，日本人と外国人の混血児を救済する施設としての性格を有していました。そのため，一般的には，弟や妹など，年下の子どもの面倒を見る必要から，就学が困難な状態にある児童を救済するために作られた施設が保育所の原型と考えられています。

　その意味における保育所は，1890（明治 23）年，赤沢鍾美によって新潟市に開かれた「静修女学院附設託児所」が最初と考えられます。また，工場内に設置された保育所としては，1894（明治 27）年に東京紡績株式会社が開設した施設が有名です。

　なお，貧困対策として設置された幼稚園を，保育所に含めて考えることもできます。このタイプの幼稚園としては，宣教師のタムソン夫妻が神戸で開設した善隣幼稚園や，野口幽香，森島峰（美根）が東京に開設した二葉幼稚園（後の「二葉保育園」）などがあります。

第 2 節　児童福祉法

1．基本原理

　従来，我が国の児童福祉行政は，児童福祉法を中心とする法体系のもと，主として厚生労働省の所管で運営されてきました。しかし，こども家庭庁の設置に伴い，2023（令和 5）年 4 月 1 日からは，原則としてこども家庭庁に移管されています。保育所の所管も，厚生労働省からこども家庭庁に変わりました。

　児童福祉法は，「全て児童は，児童の権利に関する条約の精神に

のつとり，適切に養育されること，その生活を保障されること，愛され，保護されること，その心身の健やかな成長及び発達並びにその自立が図られることその他の福祉を等しく保障される権利を有する」と力強く宣言しています（１条）[*1]。そのうえで，児童福祉法は，児童の福祉を保障するための原理として，以下の３点を明記しています。

> ・全て国民は，児童が良好な環境において生まれ，かつ，社会のあらゆる分野において，児童の年齢および発達の程度に応じて，その意見が尊重され，その最善の利益が優先して考慮され，心身ともに健やかに育成されるよう努めること（２条１項）
> ・児童の保護者は，児童を心身ともに健やかに育成することについて第一義的責任を負うこと（２条２項）
> ・国および地方公共団体は，児童の保護者とともに，児童を心身ともに健やかに育成する責任を負うこと（２条３項）

要約すると，常に「子どもの最善の利益」を確保することを目標にする，「子ども中心主義」の発想ということができるでしょう[*2]。児童福祉法１条，２条で示されている原理は，児童福祉全体を貫く基本的な原理です。したがって，保育所や児童養護施設の運営等についても，これらの原理が，当然，妥当することになります。「子どもの最善の利益」という視点から，その運営が評価されることになるのです。

２．社会的養護と社会的養護施設

例えば，保育の世界でしばしば耳にする「社会的養護」について考えてみましょう。社会的養護とは，保護者が存在しない児童や，保護者に監護させることが適当ではないと判断された児童を，公的責任のもと，社会的に養育し，保護すると同時に，養育に困難を抱える家庭を支援していくことを意味します。

社会的養護は，要保護児童（保護者のない児童または保護者に監護させることが不適当と認められる児童）をどのようにして養護し

ていくかという手段に着目し，実務上，施設養護と家庭養護に大別
することができます。

　施設養護とは，文字通り，保護を必要とする児童を一定の施設に
迎え入れて養護を行うことをいいます。該当する施設としては，乳
児院，児童養護施設，児童心理治療施設（2017〈平成 29〉年 4
月より情緒障害児短期治療施設から名称変更），児童自立支援施設，
母子生活支援施設，自立援助ホームがあります。

　他方，家庭養護は，保護の必要な児童を養育者の家庭に迎え入れ
て養育を行うことが特徴です。里親制度や小規模住居型児童養育事
業（ファミリーホーム）がこれに当たります。

３．児童福祉施設

　では，保育所はどうでしょうか。児童福祉法は，保育所を児童福
祉施設の一つとして位置づけています。

　児童福祉施設とは，児童福祉法が規定する児童や妊産婦の福祉を
実現するための施設です。具体的には，助産施設，乳児院，母子生
活支援施設，保育所，幼保連携型認定こども園，児童厚生施設，児
童養護施設，障害児入所施設，児童発達支援センター，児童心理治
療施設，児童自立支援施設，児童家庭支援センターを指しています
（7 条 1 項）。保育所が，幼保連携型認定こども園，児童養護施設等
と並んで規定されていることがわかります。

第 3 節　保育所

１．認可保育所と認可外保育施設

　ただ，日本の「保育所」の実態は，待機児童対策等が複雑に絡み
合い，児童福祉法の概念に納まるものとはなっていません。以下で
は，法制度の観点から大きく二つに分けて考えてみたいと思います。

　一つは，児童福祉法に基づいて設置される「広義の認可保育所」
です。広義の認可保育所は，さらに，一般的な認可保育所（狭義の

認可保育所）と小規模認可保育所，夜間認可保育所に細分化することができます。私立の場合，児童福祉法に基づき，都道府県知事または政令指定都市長，中核市長が設置を認可します。

　もう一つは，児童福祉法に基づく認可を受けないで運営されている施設，いわゆる「認可外保育施設（認可外保育所）」です。認可外保育施設は設置者が自由に設置し，運営するのが原則となっています。しかし，児童の福祉に大きな影響を与えることから，東京都をはじめ多くの自治体では，要綱その他で設置や運営の基準等を独自に定めている場合が多いのが実情です。

2．認可保育所

　認可保育所は，児童福祉法に基づいた児童福祉施設の一種です[*3]。単に保育所という場合，狭義の認可保育所を指すのが一般的です。本章でも特に断らない限り，以下，単に「保育所」と表記することにします。

　児童福祉法は，保育所を，「保育を必要とする乳児・幼児を日々保護者の下から通わせて保育を行うことを目的とする施設（利用定員が20人以上であるものに限り，幼保連携型認定こども園を除く。）」と定義しています（39条1項）。

　「幼稚園」が文部科学省所管の学校教育法を根拠としているのに対し，「保育所」はこども家庭庁が所管する児童福祉法を根拠としています。したがって，大ざっぱな括りとしては，幼稚園＝教育施設，保育所＝福祉施設といってよいでしょう。

　児童福祉法の規定にあるとおり，保育所は「乳児」と「幼児」を保育するための施設です。ここでいう「乳児」とは「満1歳に満たない者」を，「幼児」とは「満1歳から，小学校就学の始期に達するまでの者」を指します（4条1項1号，2号）。ただし，「特に必要があるときは」，乳幼児以外の「保育を必要とする」児童を入所させることが認められています（39条2項）。

　では，「保育を必要とする」とはどのような状態を指すのでしょうか。真っ先に思い浮かぶのは「就労」です。妊娠，出産，保護者の疾病や障害，同居親族の介護，あるいは就職活動や起業の準備等も「保育を必要とする」理由になります。ただ，問題がないわけではありません。例えば，近年，就労形態が多様化する中，どのような就労形態を想定するのかといった点は議論の残るところです。

第４節　保育所における保育

　保育所においては，「保育所保育指針」（→用語解説65頁）に基づいて，養護と教育を一体化した「保育」が行われています。

　ここでいう養護とは，英語でいうナーシング（nursing）やケア（care）を意味し，日常生活に問題がないように面倒を見たり，調整したりするという意味合いを有しています。具体的には，保育所において，保護者に代わって，子どもの生命を保持し，情緒の安定や健康で安全な生活を目指して，保育士が援助に当たることを指すと考えてよいでしょう。

　これに対し，教育とは，生涯にわたる人間形成の基礎づくりへ向け，生きる力，ライフスキルの獲得を指向しつつ，健全な心身の発達を助長することを意味しています。ここでいう生きる力とは，1996（平成８）年に中央教育審議会（→用語解説190頁）が打ち出した考え方で，「いかに社会が変化しようと，自分で課題を見つけ，自ら学び，自ら考え，主体的に判断し，行動し，よりよく問題を解決する資質や能力」，「自らを律しつつ，他人とともに協調し，他人を思いやる心や感動する心など，豊かな人間性」，「たくましく生きるための健康や体力」を指しています（「21世紀を展望した我が国の教育の在り方について（第１次答申）」）。ただ，保育所で行われる保育は，児童福祉法で，幼稚園が担う「義務教育及びその後の教育の基礎を培うものとしての満３歳以上の幼児に対する教

育」とは区別して記載されていることに注意が必要です（39条の
2）。実態として，幼稚園教育との棲み分けを意識した規定といっ
てよいでしょう。

　保育所における保育の基準となっているのが，「保育所保育指
針」です。平成29年版の保育所保育指針は，全5章で，第1章
「総則」，第2章「保育の内容」，第3章「健康及び安全」，第4章
「子育て支援」，第5章「職員の資質向上」という構成になっていま
す。

第5節　保育士

　次に，保育所を主な舞台として活躍する「保育士」について考え
てみましょう。

　保育士とは，「保育士の名称を用いて，専門的知識及び技術をも
つて，児童の保育及び児童の保護者に対する保育に関する指導を行
うことを業とする者」をいいます（児童福祉法18条の4）。専門
的な知識，技能を前提に，児童の保育と保護者に対して保育指導を
行う資格と考えてよいでしょう。

　保育士になるには，保育士になる資格を有する者（指定保育士養
成施設を卒業した者または保育士試験に合格した者）が，都道府県
が備える保育士登録簿に，氏名，生年月日その他内閣府令で定める
事項を登録することが必要です（18条の18第1項，第2項）。こ
の登録をしたときには，都道府県知事から保育士登録証が交付され
ることになっています（18条の18第3項）。

　一方，保育士でない者は，保育士またはこれと紛らわしい名称を
使用することが禁止されています（18条の23）。保育士は，いわ
ゆる「名称独占資格」の一種なのです。

　また，保育士には，児童福祉法によっていくつかの義務が課され
ています。代表的な義務として，「信用失墜行為の禁止」と「守秘

義務」（秘密保持義務）があります。対人援助に関わる専門職として，求められる義務と考えられています。

　まず，「保育士は，保育士の信用を傷つけるような行為をしてはならない」とされています（「信用失墜行為の禁止」18条の21）。対象は，保育に関わる業務に限定されず，プライベートにおける犯罪行為等も，信用失墜行為に当たる可能性があります。

　そして，「保育士は，正当な理由がなく，その業務に関して知り得た人の秘密を漏ら」すことが禁止されています（「守秘義務」18条の22）。この義務は，保育士でなくなった後にも及ぶことに注意が必要です。違反者は，1年以下の懲役または50万円以下の罰金に処せられる可能性があります（61条の2第1項）。

　なお，「保育所は，当該保育所が主として利用される地域の住民に対してその行う保育に関し情報の提供を行い，並びにその行う保育に支障がない限りにおいて，乳児，幼児等の保育に関する相談に応じ，及び助言を行うよう努めなければならない」とされています（48条の4第1項）。そのため，「保育所に勤務する保育士は，乳児，幼児等の保育に関する相談に応じ，及び助言を行うために必要な知識及び技能の修得，維持及び向上に努め」ることが求められています（48条の4第2項）。保育所で勤務する保育士にのみ課される義務です。

第6節　学童保育

　では，小学校に就学した後の支援は必要ないのでしょうか。共働きの家庭等では，放課後，学校から帰ってきた子どもの面倒を見ることは困難です。このことからも理解可能なように，就学をもって支援の必要性がなくなるという訳ではありません。

　その役割を担っているのが，放課後児童健全育成事業です。一般的には，「学童保育」，「学童」等と呼ばれていますが，統一した呼

び方は存在しません。そのため，国や自治体によって様々な名称が使用されています。

　児童福祉法は，放課後児童健全育成事業を，「小学校に就学している児童であつて，その保護者が労働等により昼間家庭にいないものに，授業の終了後に児童厚生施設等の施設を利用して適切な遊び及び生活の場を与えて，その健全な育成を図る事業」と定義しています（6条の3第2項）。かつては，その対象が，「おおむね10歳未満の児童」とされていました。しかし，「子ども・子育て支援法」の制定を受けて，2015（平成27）年4月から小学校に就学している児童全体に範囲が拡大されることになりました。

　放課後児童健全育成事業の設備および運営について，市町村は，条例で基準を定めなければなりません（児童福祉法34条の8の2第1項）。その際，「内閣府令で定める基準を参酌する」必要があります（34条の8の2第2項）。

　それが，「放課後児童健全育成事業の設備及び運営に関する基準」です。この基準では，「利用者が，明るくて，衛生的な環境において，素養があり，かつ，適切な訓練を受けた職員の支援により，心身ともに健やかに育成されることを保障するものとする」と，その最低基準の目的が定められています（2条）。

第7節　施設型給付の導入

　最後に，保育所利用に対する国の財政支援について見ておくことにします。保育所利用の公費負担の問題です。

　冒頭で触れたように，日本の保育制度は，2012（平成24）年に成立した，子ども・子育て関連3法（子ども・子育て支援法，認定こども園法の一部改正法，子ども・子育て支援法及び認定こども園法の一部改正法の施行に伴う関係法律の整備等に関する法律）によって，大きく変化しました。施設型給付と呼ばれる，保育所利用

に対する国の財政支援もその一つです（→用語解説188頁）。

　施設型給付は，保育所，認定こども園，幼稚園を通じた共通の給付を通して，就学前の児童が教育・保育施設から受けた教育・保育の提供に要した費用について財政支援を行う制度です＊4。公立保育所については，法定代理受領を用いた，いわゆる施設型給付が採用されました。他方，私立の保育所については，児童福祉法上，市町村が保育義務を担っていることに基づく措置として，委託費という形で支払うことになります。なお，給付（委託費）は，保育所を利用する児童の居住する市町村から受け取ることになっています。

　施設型給付の基本は，いわゆる公定価格（内閣総理大臣が定める基準により算定した費用の額）から利用者の負担額を引いた額になります。公定価格は，児童一人あたりの保育に通常要する費用を基に算定されます。考慮要素としては，地域区分，利用定員，年齢，保育必要量，人件費，管理費等があります。これらを基礎に，職員の配置状況や地域の実情等に応じて加算措置がとられることになります。他方，利用者の負担額は，「政令で定める額を限度として市町村が定める額」となっています。そのイメージは，図5－1に示すとおりです。

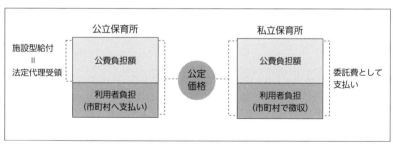

出典）内閣府・文部科学省・厚生労働省「子ども・子育て支援新制度ハンドブック
施設・事業者向け　平成27年7月改訂版」
https://www8.cao.go.jp/shoushi/shinseido/faq/pdf/jigyousya/handbook.pdf
（最終アクセス日：2023〈令和5〉年6月29日）を基に作成

図5－1　公定価格の仕組み（イメージ図）

〈註〉

＊1　条文中にある「児童の権利に関する条約」とは，国際連合が1989年に採択した条約で，一般的には，児童の権利条約，子どもの権利条約と称されています（→用語解説27頁）。日本は，1994（平成6）年に批准しています。「子どもの最善の利益」を確保するという点を前面に打ち出し，日本の児童福祉にも大きな影響を与えることになりました。

＊2　ただ，何をもって「子どもの最善の利益」とするかは，それを判断する際の価値基準によって変化することに注意が必要です。

＊3　児童福祉法が規定する名称は「保育所」です。児童福祉法に基づくいわゆる認可保育所は，○○保育所，××保育園という名称にかかわらず，法的にはすべて保育所に当たります。

＊4　小規模保育事業，家庭的保育事業，事業所内保育事業等については，施設型給付とは異なる「地域型保育給付」（→用語解説188頁）という財政支援があります。

〈参考文献〉

・近藤幹生『保育とは何か』岩波書店（2014年）
・日本保育学会編『保育学講座2 保育を支えるしくみ―制度と行政』東京大学出版会（2016年）
・汐見稔幸・大豆生田啓友編『保育者論［第2版］』ミネルヴァ書房（2016年）

Question

Q1　保育所はなぜ必要なのでしょうか。保育所の歴史，社会的養護の観点を踏まえて，各自で考えてみましょう。

Q2　保育士に信用失墜行為の禁止や守秘義務が課されている理由について，保育士の社会的責任，対人援助職としての性格を踏まえて，皆で話し合ってみましょう。

用語解説

保育所保育指針

　保育所保育指針は，告示という法形式で示された，認可保育所に関する保育内容の基本原則です。全国の保育所が一定の保育水準を維持するための仕組みとして機能しています。いい換えるならば，すべての子どもの最善の利益のため，「子どもの健康や安全の確保，発達の保障等の観点から，各保育所が行うべき保育の内容等に関する全国共通の枠組み」を定めたものといってよいでしょう（厚生労働省「保育所保育指針解説」2018〈平成30〉年）。

　保育所保育指針の法的根拠は，「児童福祉施設の設備及び運営に関する基準」（児童福祉施設最低基準）に求められます。この基準に，「保育所における保育は，養護及び教育を一体的に行うことをその特性とし，その内容については，内閣総理大臣が定める指針に従う」という規定が存在しています（35条）。この「指針」に当たるのが保育所保育指針です。その策定権限は，こども家庭庁設置法の施行に伴い，2023（令和5）年4月1日より厚生労働大臣から内閣総理大臣に変わりました。

　保育所保育指針は，1965（昭和40）年に保育所保育のガイドラインとして制定されたのが始まりです。以後，1990（平成2）年，1999（平成11）年と2度改訂されました。そして，従来の局長通知から告示へと変更された，平成20年版，平成29年版へと受け継がれています。改訂年を見てみると，文部科学大臣告示の幼稚園教育要領の改訂と軌を一にしていることがわかります。

　なお，こども家庭庁設置法の施行に伴う関係法律整備の一環として，学校教育法および児童福祉法が改正されました。これにより，文部科学大臣が幼稚園教育要領を定めるにあたり，または内閣総理大臣が保育所保育指針を定めるにあたり，それぞれ内閣総理大臣または文部科学大臣に協議しなければならないという規定が設けられた点は注目に値するでしょう（学校教育法25条3項，児童福祉法45条4項）。

第6章 義務教育制度

坂田　仰

はじめに

　日本においてはじめて"義務教育"が制度化されたのは，明治時代，1872（明治5）年の"学制"においてのことでした。それから約150年，小学校，中学校を中心とする義務教育諸学校への就学率はほぼ100％に達し，子どもの生活にとって学校は当たり前の存在になっています。

　しかしその一方で，不登校児童・生徒の増加等，「学校は通うべきもの」という規範意識の希薄化も指摘されています。不登校の権利を容認するかに見える，「義務教育の段階における普通教育に相当する教育の機会の確保等に関する法律」（以下，教育機会確保法）の制定は，まさにこの動きを後押しするものといえるでしょう。

　本章では，まず義務教育制度の現状について概観します。その上で，義務教育の存在意義という観点から，高い就学率の中で静かに進行する不登校児童・生徒数の増大が抱える問題点を指摘することにしたいと思います。

第1節　義務教育諸学校

　最初に，義務教育を担っている学校，いわゆる義務教育諸学校について見てみましょう。

　義務教育の中核は，いうまでもなく小学校と中学校です。第二次世界大戦後の教育改革を受けて，現行の義務教育は，6年制の小学

校，3年制の中学校でスタートしました（6・3制）。

　しかし，当初，障害児教育の義務化は見送られ，漸進的に進められることになります。その後，まず盲者と聾者の分野で，1948（昭和23）年度に学齢に達した者から年次進行で就学の義務化がすすめられました（盲学校，聾学校）。これに対し，養護学校の義務化は大きく遅れ，1979（昭和54）年4月，ようやく実現することになります。これにより，「教育における機会均等」を定めた日本国憲法の制定から33年を経て，すべての子どもを対象とする義務教育体制が確立することになりました。

　では，現在，義務教育を担う学校には，どのようなものがあるのでしょうか。周知のように，学校には，幼稚園，小学校，中学校，義務教育学校，高等学校，中等教育学校，特別支援学校，大学，高等専門学校があります（学校教育法1条）。そのうち，小学校，中学校，義務教育学校，中等教育学校（前期課程），特別支援学校（小学部，中学部）が，義務教育を支えている学校に当たります（図6－1）。

　特別支援学校は，2007（平成19）年，従来の盲学校，聾学校，養護学校が再編されたものです（第7章を参照）。これに対し，中等教育学校は，中高一貫教育を意識し，1998（平成10）年の学校教育法改正により新設された学校種です。それぞれ3年間の前期課程と後期課程に分かれ，前期課程の3年間が義務教育段階になります。前期課程の教育課程については，中学校に関する規定が準用

1	2	3	4	5	6	7	8	9
小学校						中学校		
						中等教育学校（前期課程）		
義務教育学校（前期課程，後期課程）								
特別支援学校（小学部）						特別支援学校（中学部）		

図6－1　義務教育を支える学校

されています。中等教育学校が導入された背景には，中高一貫教育が有する「高等学校入学者選抜の影響を受けずにゆとりのある安定的な学校生活が送れる」等のメリットが存在するといわれています（中央教育審議会「21世紀を展望した我が国の教育の在り方について（第二次答申)」1997〈平成９〉年）。

　他方，義務教育学校は，2015（平成27）年の学校教育法改正により設けられた最も新しい学校種です。学校教育制度の多様化および弾力化を推進するため，現行の小・中学校に加え，小学校から中学校までの義務教育を一貫して行うために制度化されました。小中一貫教育を意識した９年制の学校といえます。小学校・中学校の学習指導要領を準用するため，前期６年と後期３年の課程に区分されています。義務教育学校には，中学校への進学時に多発する学習や生活上の不適応，いわゆる"中１ギャップ"を解消するという利点があるとされています。

第２節　目的と目標

１．義務教育の目的と目標

　日本の義務教育は，日本国憲法26条の教育を受ける権利と義務に関する規定を受けて，教育基本法，学校教育法の下で展開されています（第２章を参照）。その中にあって教育基本法は，「義務教育として行われる普通教育は，各個人の有する能力を伸ばしつつ社会において自立的に生きる基礎を培い，また，国家及び社会の形成者として必要とされる基本的な資質を養うことを目的として行われるものとする」（５条２項）と，義務教育の目的を明示しています。2006（平成18）年の教育基本法の改正で新設されたものです。

　次に義務教育の目標について見てみましょう。教育基本法における義務教育の目的規定を受けて，2007（平成19）年の学校教育法の改正で義務教育の目標が規定されました（21条）。学校教育

法によれば，義務教育段階では，以下に示す10の目標を達成するよう行われることになっています。

---

(1)　学校内外における社会的活動を促進し，自主，自律および協同の精神，規範意識，公正な判断力ならびに公共の精神に基づき主体的に社会の形成に参画し，その発展に寄与する態度を養うこと。

(2)　学校内外における自然体験活動を促進し，生命および自然を尊重する精神ならびに環境の保全に寄与する態度を養うこと。

(3)　我が国と郷土の現状と歴史について，正しい理解に導き，伝統と文化を尊重し，それらをはぐくんできた我が国と郷土を愛する態度を養うとともに，進んで外国の文化の理解を通じて，他国を尊重し，国際社会の平和と発展に寄与する態度を養うこと。

(4)　家族と家庭の役割，生活に必要な衣，食，住，情報，産業その他の事項について基礎的な理解と技能を養うこと。

(5)　読書に親しませ，生活に必要な国語を正しく理解し，使用する基礎的な能力を養うこと。

(6)　生活に必要な数量的な関係を正しく理解し，処理する基礎的な能力を養うこと。

(7)　生活にかかわる自然現象について，観察および実験を通じて，科学的に理解し，処理する基礎的な能力を養うこと。

(8)　健康，安全で幸福な生活のために必要な習慣を養うとともに，運動を通じて体力を養い，心身の調和的発達を図ること。

(9)　生活を明るく豊かにする音楽，美術，文芸その他の芸術について基礎的な理解と技能を養うこと。

(10)　職業についての基礎的な知識と技能，勤労を重んずる態度および個性に応じて将来の進路を選択する能力を養うこと。

目標規定の新設については，義務教育の進むべき方向性を明確にしたとして高く評価する声が存在します。しかしその一方で，「我

が国と郷土を愛する態度」等，第二次世界大戦前の愛国心教育を彷彿させるとして一部に根強い批判も寄せられており，評価が分かれている点にも目を向ける必要があるでしょう。

２．小学校，中学校の目的と目標

　小学校は，「心身の発達に応じて，義務教育として行われる普通教育のうち基礎的なものを施すことを目的」としています（学校教育法29条）。この目的を実現するために必要な程度において，先に記した義務教育の10の目標を達成するように行われることになります（学校教育法30条１項）。その際，「生涯にわたり学習する基盤が培われるよう，基礎的な知識及び技能を習得させるとともに，これらを活用して課題を解決するために必要な思考力，判断力，表現力その他の能力をはぐくみ，主体的に学習に取り組む態度を養うことに，特に意を用いなければならない」とされていることを見落としてはならないでしょう（学校教育法30条２項）。

　これに対し，中学校は，「小学校における教育の基礎の上に，心身の発達に応じて，義務教育として行われる普通教育を施すことを目的」としています（学校教育法45条）。この目的を実現するため，中学校における教育は，学校教育法21条が定める10の目標を達成するよう行われるものとされています（学校教育法46条）。その際，「生涯にわたり学習する基盤が培われるよう，基礎的な知識及び技能を習得させるとともに，これらを活用して課題を解決するために必要な思考力，判断力，表現力その他の能力をはぐくみ，主体的に学習に取り組む態度を養うことに，特に意を用いなければならない」ことは小学校と同様です（学校教育法49条による同法30条２項の準用）。しかし，中学校は，義務教育の最終段階のため，小学校とは異なり，10の目標に関して「必要な程度において」（30条１項）という限定が付されていない点に注意する必要があります。

　なお，近年，小学校においても，中学校においても，主体性を重

視した体験的活動に力を入れています。この点に関して，学校教育法では，義務教育の「目標の達成に資するよう，教育指導を行うに当たり，児童の体験的な学習活動，特にボランティア活動など社会奉仕体験活動，自然体験活動その他の体験活動の充実に努める」とされています（31条前段，49条）。また，その際には，「社会教育関係団体その他の関係団体及び関係機関との連携に十分配慮」することが求められています（学校教育法31条後段，49条）。

第3節　教育課程・教科書・副教材

1．教育課程

　小学校，中学校の教育課程に関する事項は，学校教育法が規定する目的，目標にしたがって，文部科学大臣が定めることになっています（学校教育法33条，48条）。ここでいう「文部科学大臣の定め」に当たるのが学校教育法施行規則です。

　学校教育法施行規則によれば，小学校の教育課程は，国語，社会，算数，理科，生活，音楽，図画工作，家庭，体育および外国語の各教科，特別の教科である道徳，外国語活動，総合的な学習の時間ならびに特別活動によって編成されます（50条1項）。ただし，私立学校においては，宗教をもって特別の教科である道徳に代えることが認められています（50条2項）。それぞれの授業時数の標準については表6‐1に示す通りです（51条）。

　これに対し中学校の教育課程は，国語，社会，数学，理科，音楽，美術，保健体育，技術・家庭および外国語の各教科，特別の教科である道徳，総合的な学習の時間ならびに特別活動によって編成されています（72条）。私立学校において，宗教をもって特別の教科である道徳に代えることができることは小学校と同様です（79条）。また，それぞれの授業時数の標準については，表6‐2に示す通りとなっています（73条）。

表6－1　小学校の標準授業時数

区分		第1学年	第2学年	第3学年	第4学年	第5学年	第6学年
各教科の授業時数	国語	306	315	245	245	175	175
	社会			70	90	100	105
	算数	136	175	175	175	175	175
	理科			90	105	105	105
	生活	102	105				
	音楽	68	70	60	60	50	50
	図画工作	68	70	60	60	50	50
	家庭					60	55
	体育	102	105	105	105	90	90
	外国語					70	70
特別の教科である道徳の授業時数		34	35	35	35	35	35
外国語活動の授業時数				35	35		
総合的な学習の時間の授業時数				70	70	70	70
特別活動の授業時数		34	35	35	35	35	35
総授業時数		850	910	980	1015	1015	1015

備考
(1)この表の授業時数の一単位時間は，45分とする。
(2)特別活動の授業時数は，小学校学習指導要領で定める学級活動（学校給食に係るものを除く）に充てるものとする。
(3)略

表6－2　中学校の標準授業時数

区分		第1学年	第2学年	第3学年
各教科の授業時数	国語	140	140	105
	社会	105	105	140
	数学	140	105	140
	理科	105	140	140
	音楽	45	35	35
	美術	45	35	35
	保健体育	105	105	105
	技術・家庭	70	70	35
	外国語	140	140	140
特別の教科である道徳の授業時数		35	35	35
総合的な学習の時間の授業時数		50	70	70
特別活動の授業時数		35	35	35
総授業時数		1015	1015	1015

備考
(1)この表の授業時数の一単位時間は，50分とする。
(2)特別活動の授業時数は，中学校学習指導要領で定める学級活動（学校給食に係るものを除く）に充てるものとする。

　では，学習内容等についてはどうでしょうか。この点については，全国のどの地域で教育を受けたとしても，一定の水準の教育が受けられるようにするため，学校教育法等に基づき，文部科学大臣が，教育課程を編成する際の基準を公示することになっています。小学校学習指導要領，中学校学習指導要領がこれに当たります（学校教育法施行規則52条，74条）。

　学習指導要領（→用語解説79頁）は，一般に法的な拘束力を有していると考えられています（「福岡伝習館高校訴訟」最高裁判所第一小法廷判決平成2年1月18日など）。そのためもあり，かつては教育課程を編成する際の絶対的な基準として機能していました。しかし，現在は，教育課程を編成する際の最低限の基準であることが明確にされています。それゆえ，各学校は，学習指導要領や標準時間数を踏まえ，地域や学校の実情を考慮して教育課程を編成することができます。

2．教科書と副教材

　学校で使用している教科書は，一部の例外を除いて，学習指導要領に準拠して作成されたものです。正式名称を教科用図書といいます。教科書は，「小学校，中学校，義務教育学校，高等学校，中等教育学校及びこれらに準ずる学校において，教育課程の構成に応じて組織排列された教科の主たる教材として，教授の用に供せられる児童又は生徒用図書であつて，文部科学大臣の検定を経たもの又は文部科学省が著作の名義を有するもの」と定義されています（教科書の発行に関する臨時措置法2条1項）。この定義から，教科書には，民間で作成された図書で文部科学大臣の検定を経た，いわゆる「検定教科書」と，文部科学省が著作の名義を有するものの2種類が存在することがわかります。

　学校教育法は，「小学校においては，文部科学大臣の検定を経た教科用図書又は文部科学省が著作の名義を有する教科用図書を使用

しなければならない」と規定し，教科書の使用義務が定められています（34条1項）。ただ，教科書はあくまでも主たる教材です。したがって，白地図やドリル，授業プリント等，「有益適切なもの」を教科書と合わせて使用することは認められています（34条4項）。これらの教材は，主たる教材である教科書に対して，副教材，副読本などと呼ばれています。公立学校の場合，その使用に関して，学校を管轄する教育委員会が，「教科書以外の教材の使用について，あらかじめ，教育委員会に届け出させ，又は教育委員会の承認を受けさせることとする定めを設ける」こととされています（地方教育行政の組織及び運営に関する法律33条2項）。

　なお，義務教育諸学校においては，国立，公立，私立の区別を問わず，全ての児童・生徒に対して教科書を無償で配布する，教科書無償給与制度が採用されています（義務教育諸学校の教科用図書の無償に関する法律〈昭和37年法律第60号〉，義務教育諸学校の教科用図書の無償措置に関する法律〈昭和38年法律第182号〉）。日本国憲法26条が保障する義務教育無償の理念を背景に導入された制度の一つです。

第4節　学級編制

　小学校，中学校の学級編制については，国公私立の区別を問わず，学校設置基準で原則が定められています。

　まず，一学級の児童・生徒の数は，法令に特別の定めがある場合を除き40人以下となっています（小学校設置基準4条，中学校設置基準4条）。ただし，特別の事情があり，かつ，教育上支障がない場合はこの限りではありません。なお，公立小学校の第1学年については，小1プロブレム（→用語解説191頁）等への配慮から35人学級が実現していましたが，2021（令和3）年の「公立義務教育諸学校の学級編制及び教職員定数の標準に関する法律」の改

正により，第2学年以上についても学級編制の標準が40人から35人に引き下げられました。学級編制の標準を計画的に一律に引き下げるのは約40年ぶりのことです。2025（令和7）年度まで5年間かけて，学年進行により段階的に引き下げられていきます。

　また，小学校，中学校ともに学級は，同学年の児童・生徒で編制することが原則です（小学校設置基準5条，中学校設置基準5条）。ただし，特別の事情がある場合は，例外的に複数学年の児童・生徒を一学級として編制することが認められています。二学年以上の児童・生徒で編制した学級を複式学級と呼びます。

　なお，配置すべき教諭等（主幹教諭，指導教諭，教諭）の数は，一学級当たり一人以上と決められています（小学校設置基準6条1項，中学校設置基準6条1項）。ただし，特別の事情があり，かつ，教育上支障がない場合は，これを校長や副校長，教頭が兼ねたり，助教諭，講師をもって代えることができます（小学校設置基準6条2項，中学校設置基準6条2項）。また，教育上必要と認められる場合は，他の学校の教員等と兼ねることも可能です（小学校設置基準6条3項，中学校設置基準6条3項）。

第5節　就学・入学・卒業

　小学校は，満6歳の誕生日の後の最初の4月から就学期間が始まります（学校教育法17条1項）。中学校は，小学校の課程を修了した後の最初の4月から始まることになっています（同条2項）。

　この就学に関する事務は，地方公共団体の事務とされ，市町村の教育委員会が中心となって進められます。以下では，小学校，義務教育学校（以下，小学校等）への就学手続きの概要を示しておきます。

　まず，市町村教育委員会は，10月1日現在の住民基本台帳に基づき，区域内に住所を有する就学予定者（翌年度より小学校，義務

教育学校に就学すべき者）について，学齢簿を編製します（学校教育法施行令1条1項，2項，同法施行規則31条）。そしてこれに基づいて就学時の健康診断を実施します（学校保健安全法11条）。この就学時の健康診断は，学齢簿が作成された後，翌学年の初めから4ヶ月前までの間に行うと決められています（同法施行令1条1項）。

市町村の教育委員会は，就学予定者の保護者に対し，小学校等の入学期日を通知します（学校教育法施行令5条1項）。市町村内に小学校等が2校以上ある場合，この通知において就学予定者が就学すべき学校を指定することになります（同条2項）。この通知は，翌学年の初めから2ヶ月前までに行われることになっています。

なお，病弱，発育不完全その他やむを得ない事由で就学困難と認められる者の保護者に対しては，市町村の教育委員会は，文部科学大臣の定めるところにより，就学義務を猶予または免除することができます（学校教育法18条）。また，保護者が住所地以外の小学校等へ入学させようとする場合（区域外就学）や，国立学校，私立学校に入学させようとする場合は，就学を承諾する権限を有する者（学校設置者等）の承諾を証明する書面を添えて，市町村教育委員会に届け出る必要があります（学校教育法施行令9条1項）。

小学校，中学校において，児童・生徒について各学年の課程の修了や卒業を認めるためには，平素の成績を評価して決定する必要があります（学校教育法施行規則57条，79条）。この場合，校長は，全課程を修了したと認めた者に卒業証書を授与することになっています（同施行規則58条，79条）。

第6節　義務教育と不登校

文部科学省「令和4年度 児童生徒の問題行動・不登校等生徒指導上の諸課題に関する調査結果について」によれば，全国の小・中

学校における長期欠席者数は，小学校が19万6,676人，中学校が26万3,972人，全体で46万648人となっています。このうち，いわゆる不登校*1児童・生徒の数は29万9,048人，その割合は全児童・生徒の3.2％です。ここに義務教育制度のほころびを見ることが出来そうです。

　この動きに拍車を掛けているのが，2016（平成28）年に制定された教育機会確保法（→用語解説192頁）です。同法の制定にあたって，「本法に定める不登校児童生徒に対する支援に当たっては，全ての児童生徒に教育を受ける権利を保障する憲法のほか，教育基本法及び生存の確保を定める児童の権利に関する条約等の趣旨にのっとって，不登校の児童生徒やその保護者を追い詰めることのないよう配慮するとともに，児童生徒の意思を十分に尊重して支援が行われるよう配慮すること」という附帯決議がなされています（衆議院文部科学委員会「義務教育の段階における普通教育に相当する教育の機会の確保等に関する法律案に対する附帯決議」2016〈平成28〉年11月18日）。児童・生徒や保護者を追い詰めない，児童・生徒の意思を尊重するといった文言から理解可能なように，教育機会確保法が，就学義務の緩和に向けて大きく舵を切った法律であることがわかります。

　では，「学校は通うべきもの」という価値観の崩壊を放置したままでよいのでしょうか。

　義務教育が個人の教育を受ける権利を保障することだけを目的にしているのであれば，それでよいでしょう。権利を行使するかどうかは，権利者の自由に委ねられているからです。

　しかし，義務教育には国民統合というもう一つの目的があります。グローバル化や価値観の多様化が進展する現在，国家は，民族や宗教などを基盤とする既存の集団を前提とすることはできません。バラバラな個人から成る人々を一つの集団（国民）へとまとめ上げ，

国家が多くの小集団へと分裂し，衝突する状況に陥らないように努力することが求められます（国民統合）。その重要な部分を学校教育，特に義務教育が担っています。

　国家が特定の価値を次世代へと伝達出来ないとするならば，それは"国家の自殺"を認めることに等しいといえるのではないでしょうか。ここに，国民統合の手段として機能する義務教育制度という側面がクローズアップされることになります。教育が有する文化や階級を再生産する機能に着目し，保護者の意思にかかわらず子どもを学校へと囲い込む，義務教育の有する権力的な性格です。就学義務の緩和，不登校児童・生徒の増大は，義務教育制度が有する国民統合の機能を弱体化させる点に目を向ける必要があるでしょう。

〈註〉
＊1　ここでいう不登校とは，何らかの心理的，情緒的，身体的，あるいは社会的要因・背景により，児童・生徒が登校しないあるいはしたくともできない状況にある者をいいます。ただし，病気や経済的理由，新型コロナウイルスの感染回避による者は除かれます。

〈参考文献〉
・鈴木勲編著『逐条学校教育法第9次改訂版』学陽書房（2022年）
・坂田仰編著『三訂版 学校と法─「権利」と「公共性」の衝突─』放送大学教育振興会（2020年）

Question

Q1　義務教育が果たす二つの役割，教育を受ける権利の保障と国民統合について考えてみましょう。
Q2　学習指導要領の性格，役割について話し合ってみましょう。

用語解説

学習指導要領

　学習指導要領がはじめて登場したのは1947（昭和22）年のことです。そこには「試案」という文言が付されていて，「学習の指導について述べるのが目的であるが，これまでの教師用書のように，一つの動かすことのできない道をきめて，それを示そうとするような目的でつくられたものではない」とし，「教師自身が自分で研究して行く手びきとして書かれた」とあり，自らの役割を限定的に解していました。

　この性格に大きな変化が現れたのが，1958（昭和33）年の改訂の際でした。「試案」という文言が消えるとともに，「告示」という法形式が採用されたのです。学校教育法施行規則は，教育課程については，教育課程の基準として文部科学大臣が別に公示する学習指導要領によるものとすると規定し（52条，74条），学習指導要領を教育課程の標準とすべきことを宣言しています。

　小学校，中学校の現行の学習指導要領は，2017（平成29）年3月に公示されました。2018（平成30）年度より移行期間がスタートし，小学校では2020（令和2）年度から，中学校では2021（令和3）年度から全面実施されています。「社会に開かれた教育課程」，「主体的・対話的で深い学び」などが盛り込まれた点に特徴があります。

　また，児童・生徒に「育成を目指す資質・能力」が，「3つの柱」で整理されました。①知識・技能の習得（何を理解しているか，何ができるか），②思考力，判断力，表現力等の育成（理解していること・できることをどう使うか），③学びに向かう力，人間性等の涵養（どのように社会・世界と関わり，よりよい人生を送るか）の3点です。知・徳・体のバランスのとれた「生きる力」を育むことを目指すためには，各教科等の指導を通してどのような資質・能力の育成を目指すのかを明確にしながら教育活動の充実を図ることが必要です。その際，これら3つの柱がバランスよく実現できるよう留意することが不可欠になります。

第7章　特別支援教育制度

大西　圭介

はじめに

　日本において障害のある子どもに対する教育は，特別支援教育と呼ばれています。特別支援教育は，2007（平成19）年4月に特殊教育に代わる新しい教育制度として誕生しました。

　本章では，障害のある子どもに対する教育がどのように変化してきたのか，特別支援教育はどのような目的で行われ，どのような制度となっているのかを解説していきます。さらに，これからの特別支援教育において理解しておきたい事項についても解説していきます。なお，障害の表記については議論がありますが，本章では，法令に従い「障害」と表記します。また，本章では，人々の間や人と社会の間に障害があるとの視点に立ち，「障害を有する」ではなく，「障害のある」を用います。

第1節　特別支援教育の歴史

1．特殊教育の制度化

　第2次世界大戦後，障害のある子どもへの教育は，1947（昭和22）年に制定された学校教育法により，特殊教育として規定され，盲学校，聾学校，養護学校が設置されることになりました。また，小・中・高等学校には障害の軽い子どものために特殊学級を置くことができるようになりました。1948（昭和23）年には，盲学校と聾学校の就学義務が，その年度に学齢となった児童から順次開始

されました。しかし，養護学校は1979（昭和54）年まで実施されませんでした。1993（平成5）年，小・中学校では言語障害のある子どもや情緒障害のある子どもが通常学級に在籍しながら，必要時に別教室で教育を受けることのできる通級による指導が開始されました。

2．「特殊教育」から「特別支援教育」へ

　1990年代の終わり頃から発達障害のある子どもへの教育が課題となりました。2002（平成14）年に実施された文部科学省「通常の学級に在籍する特別な教育的支援を必要とする児童生徒に関する全国実態調査」[*1]では，知的遅れはないものの学習面または行動面で著しい困難を示す児童・生徒が小・中学校の通常学級に6.3％ほど在籍していると公表されました。2003（平成15）年3月には，特別支援教育の推進に関する調査研究協力者会議「今後の特別支援教育の在り方について（最終報告）」において，養護学校や特殊学級に在籍する子どもが増加傾向にあることや盲学校，聾学校，養護学校における障害の重度・重複化，LD，ADHD等通常の学級等において指導が行われている児童・生徒への対応が課題となっていることなどが指摘されました。このような障害のある子どもたちへの教育をめぐる諸情勢の変化に伴い，特別支援教育へ転換を図る必要性が指摘されました。なお，2004（平成16）年には発達障害者支援法（→用語解説91頁）が制定されています。

　2005（平成17）年12月に中央教育審議会答申「特別支援教育を推進するための制度の在り方について」が出され，それを受け，翌2006（平成18）年に学校教育法が改正され，2007（平成19）年4月から特別支援教育が開始されました。

第2節　特別支援教育の理念

　2007（平成19）年4月に出された文部科学省「特別支援教育

の推進について（通知）」において，特別支援教育の理念が示されました。それによれば，「特別支援教育は，障害のある幼児児童生徒の自立や社会参加に向けた主体的な取組を支援するという視点に立ち，幼児児童生徒一人一人の教育的ニーズを把握し，その持てる力を高め，生活や学習上の困難を改善又は克服するため，適切な指導及び必要な支援を行うものである。また，特別支援教育は，これまでの特殊教育の対象の障害だけでなく，知的な遅れのない発達障害も含めて，特別な支援を必要とする幼児児童生徒が在籍する全ての学校において実施されるものである」とされています。

　特殊教育では，障害の種別に応じて特別の場で指導する教育を行っていましたが，特別支援教育では，障害のある子ども一人ひとりの教育的ニーズに応じ，特別な支援を必要とする子どもが在籍する全ての学校において適切な指導および必要な支援を行うことになりました。障害の重複化に対応できるよう，盲学校，聾学校，養護学校を特別支援学校へと一本化し，特殊学級を特別支援学級へと名称を変更しました。それに加えて，発達障害の子どもを含む多様な障害のある子どもへの教育の充実を目指しました。また，特別支援学校は，在籍する子どもへの教育だけでなく，小・中学校等に在籍する障害のある子どもへの教育について助言や援助を行うよう努めることになりました（学校教育法74条）。

第3節　特別支援教育の制度

　特別支援教育は，特別な支援を必要とする子どもが在籍する全ての学校で行われます。通常の学級に加え，特別支援学校，特別支援学級，通級による指導があります。以下でそれぞれについて説明します。図7－1は，それぞれの対象者を示しています。

1．特別支援学校

　「特別支援学校は，視覚障害者，聴覚障害者，知的障害者，肢体

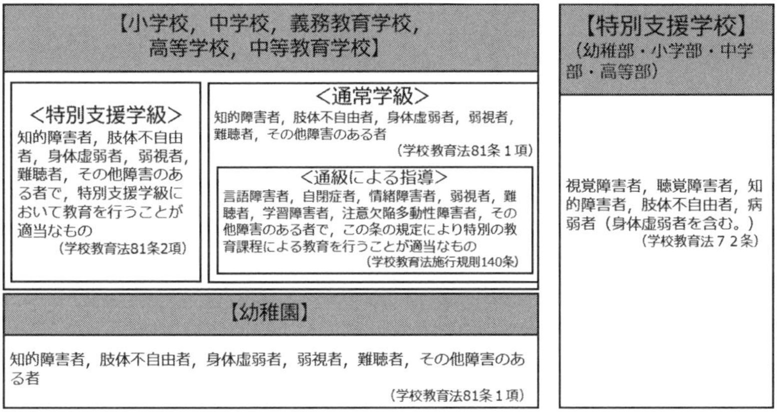

【小学校，中学校，義務教育学校，高等学校，中等教育学校】	【特別支援学校】（幼稚部・小学部・中学部・高等部）
＜特別支援学級＞ 知的障害者，肢体不自由者，身体虚弱者，弱視者，難聴者，その他障害のある者で，特別支援学級において教育を行うことが適当なもの （学校教育法81条2項）　**＜通常学級＞** 知的障害者，肢体不自由者，身体虚弱者，弱視者，難聴者，その他障害のある者 （学校教育法81条1項） **＜通級による指導＞** 言語障害者，自閉症者，情緒障害者，弱視者，難聴者，学習障害者，注意欠陥多動性障害者，その他障害のある者で，この条の規定により特別の教育課程による教育を行うことが適当なもの （学校教育法施行規則140条）	視覚障害者，聴覚障害者，知的障害者，肢体不自由者，病弱者（身体虚弱者を含む。） （学校教育法72条）
【幼稚園】 知的障害者，肢体不自由者，身体虚弱者，弱視者，難聴者，その他障害のある者 （学校教育法81条1項）	

出典）文部科学省 HP「特別支援教育の対象の概念図」
https://www.mext.go.jp/a_menu/shotou/tokubetu/material/021/022.htm
（最終アクセス日 2023 年 6 月 28 日）を基に筆者作成。

図 7 ‑ 1　特別支援教育の対象の概念図

不自由者又は病弱者（身体虚弱者を含む。以下同じ。）に対して，幼稚園，小学校，中学校又は高等学校に準ずる教育を施すとともに，障害による学習上又は生活上の困難を克服し自立を図るために必要な知識技能を授けることを目的」（学校教育法 72 条）とする学校です。特別支援学校の中には，視覚障害など単一の障害を対象とする学校もあれば，複数の障害に対応する学校もあります。特別支援学校には，小学部および中学部を置かなければならない（同法 76 条 1 項）とされ，必要のある場合に幼稚部または高等部を置くことができるとされています（同条 2 項）。特別支援学校の設置義務を負うのは，都道府県です（同法 80 条）。

　特別支援学校の教育課程は，「特別支援学校幼稚部教育要領」「特別支援学校小学部・中学部学習指導要領」，「特別支援学校高等部学習指導要領」を基準として各学校が編成することになっています

（学校教育法77条，学校教育法施行規則129条）。特別支援学校の教育課程の特徴は「自立活動」です。自立活動は，「個々の児童又は生徒が自立を目指し，障害による学習上又は生活上の困難を主体的に改善・克服するために必要な知識，技能，態度及び習慣を養い，もって心身の調和的発達の基盤を培う」（小学部・中学部版）ことを目標としています。内容は，⑴健康の保持，⑵心理的な安定，⑶人間関係の形成，⑷環境の把握，⑸身体の動き，⑹コミュニケーションの6つに区分されています。

　特別支援学校の教員になるためには，幼稚園，小学校，中学校，高等学校の教員免許状とあわせて特別支援学校の教員免許状を有していることが原則となります（教育職員免許法3条3項）。特別支援学校教員免許状は，視覚障害，聴覚障害，知的障害，肢体不自由，病弱に関する5領域について授与されます（複数の領域も可。同法2条5項，4条の2第1項）。ただし，当分の間は，幼稚園，小学校，中学校，高等学校の普通免許状があれば，特別支援学校の相当する各部の教員となることができます（同法附則15項）。2021（令和3）年度の文部科学省「特別支援教育資料」によれば，特別支援学校教諭等免許状保有者の割合は全体として年々増加傾向にあり，特別支援学校の本務教員のうち86.5％が保有しています。当該障害種の免許状保有者の割合は，視覚障害が46.6％，聴覚障害が60.5％，知的障害が89.5％，肢体不自由が87％，病弱が80.4％となっています。

２．特別支援学級

　特別支援学級は，必要に応じて小学校，中学校，義務教育学校，高等学校及び中等教育学校に置くことができます（学校教育法81条2項）。その対象は，⑴知的障害者，⑵肢体不自由者，⑶身体虚弱者，⑷弱視者，⑸難聴者，⑹その他障害のある者で，特別支援学級において教育を行うことが適当なものとされています（同条同

項）。特別支援学級の教育課程は，障害による学習上の困難または生活上の困難を克服し自立を図るために自立活動を取り入れたり，下学年の教科の目標や内容に替えたりするなどして実態に応じた特別の教育課程を編成することになっています。学級の編成は，1学級8人を標準とします（公立義務教育諸学校の学級編制及び教職員定数の標準に関する法律3条2項）。

3．通級による指導

　通級による指導とは，比較的障害の程度の軽い子どもを対象として，通常の学級に在籍しながら，一部の授業で障害の状態や程度に応じて通級指導教室等の特別な場で特別な指導を受けることをいいます。自校通級と他校通級があります。自校通級は，通級指導教室と担当教員がその子どもの在籍する学校に置かれているものです。他校通級は，他の小・中学校あるいは近隣の特別支援学校に通級指導教室が設置されているものをいいます。対象となる子どもが定期的に他校に出向き特別な支援・指導を受けます。他校で受けた授業でも自校で行ったとみなします。対象障害種は，⑴言語障害者，⑵自閉症者，⑶情緒障害者，⑷弱視者，⑸難聴者，⑹学習障害者，⑺注意欠陥多動性障害者，⑻その他障害のある者で，この条の規定により特別の教育課程による教育を行うことが適当なもの，とされています（学校教育法施行規則140条）。

4．特別支援教育の現状

　2021（令和3）年度の文部科学省「特別支援教育資料」によれば，特別支援学校幼稚部に在籍する子どもの数は1,301人で，幼稚園や幼保連携型認定こども園に在籍する子どもに対する割合は0.07％となっています。特別支援学校小学部に在籍している児童数は，4万7,815人で，全児童に対する割合は0.76％となっています。小学校の特別支援学級に在籍している児童数は，23万3,801人で全児童に対する割合は3.71％となっています。通級に

よる指導を受けている児童数は，14万255人で全児童に対する割合は，2.20％となっています。特別支援学校・特別支援学級・通級による指導を受けている子どもの数は，増加傾向にあります。

　障害種別に見た場合，特別支援学校幼稚部（単一の障害種別対象）に在籍する子どもは，聴覚障害が最も多く（954人），次いで視覚障害が多くなっています（155人）。特別支援学校小学部（単一の障害種別対象）では，多い順に知的障害（2万5,582人），次いで肢体不自由（4,182人），小学校の特別支援学級では，自閉症・情緒障害が最も多く（12万266人），次いで，知的障害が多くなっています（10万2,250人）。小学校で通級による指導を受けている子どもでは，言語障害が最も多く（4万2,913人），次いでADHD（注意欠陥多動性障害）が多くなっています（2万7,808人）。

5．就学先決定の仕組みと一貫した教育支援

　従来，原則として特別支援学校へは，学校教育法施行令22条の3に定められている視覚障害者，聴覚障害者，知的障害者，肢体不自由者または病弱者の障害の程度に該当する者が就学することになっていました。ただし，受け入れ態勢が整っているなど特別の事情がある場合には，「認定就学者」として通常の学校に就学することが認められていました。現在は，基準に該当する者が一律に特別支援学校に就学するのではなく，市町村教育委員会が障害の状態や本人の教育的ニーズ，本人・保護者の意見，教育学，医学，心理学等の専門的知見からの意見，学校や地域の状況等を総合的に踏まえたうえで就学先を決定することになっています（図7－2）。

　このように変更されたのは，障害のある子ども一人ひとりの教育的ニーズを把握・整理し，適切な指導および必要な支援を図る特別支援教育の理念を実現させていくために必要とされたからです。2011（平成23）年の障害者基本法の改正を受けて，2013（平成

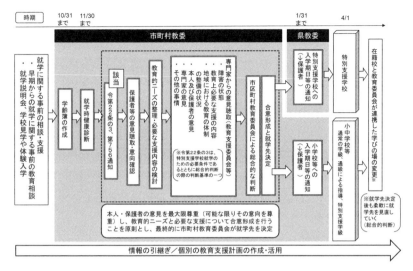

出典）「障害のある子供の教育支援の手引〜子供たち一人一人の教育的ニーズを踏まえた学びの充実に向けて〜」（令和３年６月，文部科学省初等中等教育局特別支援教育課）参考資料より引用

図７‐２　障害のある児童生徒の就学先決定について（手続の流れ）

25）年に学校教育法施行令の一部改正によって変更されました。就学先の決定の仕組みが変更されたことで，特別支援学校へ就学する子どもを「認定特別支援学校就学者」として認定することとなりました。

　障害のある子ども一人ひとりの教育的ニーズに応えるために，早期からの教育相談・支援，就学相談・支援，就学後の継続的な教育支援の全体を「一貫した教育支援」ととらえ直し，個別の教育支援計画の作成・活用等の推進を通じて，子ども一人ひとりの教育的ニーズに応じた教育支援の充実を図ることが大切とされます。個別の教育支援計画とは，学校生活だけでなく家庭生活や地域での生活も含め，長期的な視点に立って幼児期から学校卒業後までの一貫した支援を行うために，家庭や医療・保健・福祉・労働等の関係機関と

連携し，様々な側面からの取組を示した長期的な計画をいいます。学校では，個別の教育支援計画に示された教育的ニーズや支援内容等を踏まえ，学校生活や各教科等における指導の目標や内容，配慮事項等を示した「個別の指導計画」を立てます。特別支援学校および特別支援学級に在籍する子どもと通級による指導を受ける子どもについては，個別の教育支援計画と個別の指導計画の作成が義務づけられています。なお，通常の学級に在籍し，通級による指導を受けていない障害のある子どもの個別の教育支援計画と個別の指導計画については，作成義務はなく，作成と活用に努めることとなっています。就学時のみならず就学後も引き続き教育相談を行いながら，必要に応じて個別の教育支援計画や個別の指導計画の見直しを行うとともに，学校や学びの場を柔軟に変更していくことが求められています。

第4節　特別支援教育の推進

1．障害者の権利に関する条約の批准

　2006年12月，国連総会で障害者の権利に関する条約が採択されました。その24条の教育に関する条項で「障害者が障害に基づいて一般的な教育制度から排除されないこと」や「合理的配慮」の提供などが示されました。日本は，2014（平成26）年にこの条約を批准しますが，批准までの間に障害者基本法の改正（2011〈平成23〉年）や障害を理由とする差別の解消の推進に関する法律（以下，障害者差別解消法）の制定（2013〈平成25〉年）など国内法の整備を進めてきました。

2．インクルーシブ教育

　障害者の権利に関する条約の批准に向けて，2012（平成24）年，中央教育審議会特別支援教育の在り方に関する特別委員会「共生社会の形成に向けたインクルーシブ教育システム構築のための特別支

援教育の推進（報告）」（以下，2012年報告）が取りまとめられました。そこでは，共生社会の形成に向けてインクルーシブ教育システムの構築が重要であるとされました。共生社会とは，誰もが相互に人格と個性を尊重し支え合い，人々の多様な在り方を相互に認め合える全員参加型の社会です。インクルーシブ教育システムとは，障害のある者と障害のない者が共に学ぶ仕組みであり，障害のある者が「general education system」（署名時仮訳：教育制度一般）から排除されないこと，自己の生活する地域において初等中等教育の機会が与えられること，個人に必要な「合理的配慮」が提供されること等を必要とする仕組みをいいます。

３．合理的配慮

　インクルーシブ教育システムの構築のために必要となる「合理的配慮」とは，2012年報告によれば，「障害のある子どもが，他の子どもと平等に「教育を受ける権利」を享有・行使することを確保するために，学校の設置者及び学校が必要かつ適当な変更・調整を行うことであり，障害のある子どもに対し，その状況に応じて，学校教育を受ける場合に個別に必要とされるもの」とされています。ただし，「学校の設置者及び学校に対して，体制面，財政面において，均衡を失した又は過度の負担を課さないもの」に限られます。なお，障害者の権利に関する条約において，「合理的配慮」を否定することは，障害を理由とする差別に含まれるとされています。

　障害者差別解消法では，５条に行政機関等および事業者に対して，社会的障壁の除去と合理的配慮の提供のための環境整備の努力義務，７条２項に行政機関等に対して，障害者から現に社会的障壁の除去を必要としている旨の意思の表明があった場合において，過重な負担でない範囲での合理的配慮の提供義務が規定されています。公立保育所や国公立の幼稚園および小学校は，行政機関にあたります。私立の保育所や幼稚園，小学校の場合は，事業者にあたります。従

来，事業者による合理的配慮の提供は努力義務でしたが，2021（令和3）年の障害者差別解消法改正により，2024（令和6）年4月1日より行政機関等と同じく義務になります（8条2項）。

　合理的配慮は，障害のある子どもの状況に応じて個別に提供されますが，その具体例として，文字を読むことが苦手な子にICTを用いて音声で読み上げる機能を活用したり，車椅子の子どもが授業を受けやすいように1階の教室を使用したりすることなどが挙げられます。

〈註〉

＊1　この調査は，担任教員が回答したものであり，医師等による診断によるものではありません。また，同様の調査の結果が2022（令和4）年12月に公表され，小・中学校の通常学級に在籍する特別な教育的支援を必要とする児童・生徒の割合は約8.8％とされています。

〈参考文献〉

・辻本雅史監修，湯川嘉津美・荒川智編著『論集　現代日本の教育史第3巻　幼児教育・障害児教育』日本図書センター（2013年）
・柘植雅義・渡部匡隆・二宮信一・納富恵子編『はじめての特別支援教育―教職を目指す大学生のために 改訂版』有斐閣（2014年）
・吉田武男監修，小林秀之・米田宏樹・安藤隆男編著『MINERVA　はじめて学ぶ教職⑱特別支援教育―共生社会の実現に向けて―』ミネルヴァ書房（2018年）

Question

Q1　特別支援教育の現状と課題について，文部科学省「特別支援教育資料」などを基に調べ，課題の解決策を考えてみましょう。

Q2　保育者・教員として特別支援教育とどのように向き合っていくのかを考えてみましょう。

用語解説

発達障害者支援法

　発達障害者支援法は，2004（平成16）年に制定され，翌2005（平成17）年に施行された発達障害のある人への支援を推進するための法律です。発達障害の定義と法的な位置づけを確立して，乳幼児期から成人期までの一貫した支援の促進をねらいとしています。発達障害者支援法が制定されるまでは，発達障害が他の障害と異なるにもかかわらず，制度が確立されていないために適切な支援が受けられない状態にありました。

　同法の目的は，発達障害の早期発見と早期の発達支援を行うとともに，支援が切れ目なく行われるよう，発達支援を行う国および地方公共団体の責務を明らかにし，学校教育における発達障害者への支援や発達障害者の就労の支援，発達障害者支援センターの指定等について定めることにより，発達障害者の自立および社会参加のための生活全般の支援を図り，共生社会の実現に資することにあります（1条）。

　この法律で発達障害とは，「自閉症，アスペルガー症候群その他の広汎性発達障害，学習障害，注意欠陥多動性障害その他これに類する脳機能の障害であってその症状が通常低年齢において発現するものとして政令で定めるもの」とされ（2条1項），発達障害者とは，「発達障害がある者であって発達障害及び社会的障壁により日常生活又は社会生活に制限を受けるものをいい，「発達障害児」とは，発達障害者のうち18歳未満のもの」とされています（2条2項）。

　この法律の制定により，発達障害に対する社会の理解が得られるようになってきましたが，乳幼児から高齢者に至るまでの切れ目のない・きめ細かな支援には課題があり，2016（平成28）年に同法の一部が改正されました。教育に関する8条1項では，(1)可能な限り発達障害児が発達障害児でない児童と共に教育を受けられるよう配慮すること，(2)「個別の教育支援計画」および「個別の指導計画」の作成を推進すること，(3)いじめの防止等のための対策を推進すること等が規定されました。

第8章 教員制度

山田 知代

はじめに

　学校の教員になるためには，まず，教員免許状を取得することが必要です。教員免許状を取得するためには，教職課程を置く大学や短期大学等に入学し，法令で定められた科目や単位を修得して卒業した後，都道府県教育委員会に授与申請を行います。そして，実際に学校の教壇に立つためには，教員として採用されることが必要です。晴れて教員として採用された後は，服務義務を守りながら職務に従事するとともに，絶えず研究と修養に励むことが求められます。

　本章では，こうした教員の養成・採用・研修に関する制度を概観していきます。まず第1節では，教員免許制度について説明します。そして第2節では教員の養成・採用について，第3節では教員の服務，懲戒・分限について扱い，最後に第4節では，教員の研修について触れたいと思います。

第1節　教員免許制度

　教員免許制度は，公教育を担う教員の資質の保持・向上と，その証明を目的とする制度です。幼稚園，小・中・高等学校等の教員になるためには，原則として，学校の種類や教科に対応した教員免許状が必要とされます（教育職員免許法〈以下，教免法〉3条1項）。これを「相当免許状主義」といいます。教員免許状には，普通免許状，特別免許状，臨時免許状の3種類があり（同法4条1項），い

ずれも都道府県の教育委員会が授与します（同法5条6項）。

1．普通免許状

　普通免許状は，幼稚園，小・中・高等学校，特別支援学校の学校種ごとの教諭の免許状，養護教諭の免許状，栄養教諭の免許状に分かれ，それぞれ専修免許状，一種免許状，二種免許状（高等学校を除く）があります（教免法4条2項）。専修免許状は大学院修士課程修了程度，一種免許状は大学卒業程度，二種免許状は短期大学卒業程度の免許状です。現職教員で二種免許状の保有者に対しては，一種免許状を取得する努力義務が課されています（同法9条の2）。

　普通免許状は，全ての都道府県で有効です（同法9条1項）。授与を受けるためには，所要資格（学位と教職課程等での単位修得，または教員資格認定試験[*1]の合格）を得て，都道府県教育委員会に申請を行うことが必要となります（同法5条1項，16条1項）。

　なお，2007（平成19）年の教免法の改正により，2009（平成21）年4月1日以降に授与される普通免許状には10年間の有効期間が付され，教員免許更新制が導入されていましたが，2022（令和4）年の教免法の改正に伴い，2022（令和4）年7月1日以降に授与される普通免許状には有効期間の定めが無くなりました。

2．特別免許状

　特別免許状とは，「教員免許状を持っていないが優れた知識経験等を有する社会人等を教員として迎え入れることにより，学校教育の多様化への対応や，その活性化を図る」ことを目的として創設された教諭の免許状です[*2]。小・中・高等学校の全ての教科と，特別支援学校の全ての自立教科・自立活動について授与が可能です。特別免許状を活用することで，例えば，看護師が高等学校の教科「看護」を担当したり，民間企業の研究員が「理科」を担当したりすることができるようになります。特別免許状は，授与を受けた都道府県内のみで有効です（教免法9条2項）。都道府県教育委員会が行う教育

職員検定（受験者の人物・学力・実務・身体について実施）に合格した者に対して授与されます（同法5条2項）。特別免許状についても，先述の普通免許状と同様に，2022（令和4）年7月1日以降に授与される免許状については有効期間の定めが無くなりました。

3．臨時免許状

臨時免許状は，普通免許状を有する者を採用することができない場合に限って，教育職員検定に合格したものに授与される助教諭，養護助教諭の免許状です（教免法5条5項）。例えば，学校規模が小さい，山間地・へき地であるなどの地理的環境によって，普通免許状を持つ教員を採用できない場合に授与されます。有効期間は3年で，授与を受けた都道府県内でのみ有効です（同法9条3項）。

4．相当免許状主義の例外

相当免許状主義の例外として，特別非常勤講師制度と免許外担任制度があります。特別非常勤講師制度とは，教員免許状を持たない非常勤講師が，教科の領域の一部を担任することができるという制度です（教免法3条の2）。多様な専門的知識・経験を有する人を教科の学習に迎え入れることによって，学校教育の多様化への対応や活性化を図ることを目的としています。例えば，調理師が，高等学校の教科「家庭」の領域の一部として「調理実習」の授業を単独で実施することなどが可能です。

他方，免許外教科担任制度とは，中学校，高等学校等において，相当の免許状を所有する者を教科担任として採用することができない場合に，校内の他の教科の教員免許状を所有する教諭等が，1年以内に限り，免許外の教科の担任をすることができるという制度です（教免法附則2項）。この制度を活用すると，例えば，山間地・へき地などの生徒数が少ない中学校で，全ての教科に対応した教員を一人ずつ採用することができない場合に，その中学校で理科の教員免許状を持つ教員が，同じ中学校の数学を担任する，といったこ

とが可能です。

第2節　教員の養成・採用

1．教員養成の二大原則

　第二次世界大戦後，日本の教員養成制度は大きく変わりました。①大学における教員養成，②開放制免許状制度を二大原則とする教員養成制度への転換です。

　戦前，日本の教員養成は，師範学校や高等師範学校で行われていました。これらの教員養成を目的とする専門の学校は，中等教育レベルの学校でした。第二次世界大戦後は，教員養成を中等教育レベルから高等教育レベルに引き上げることが構想されました。そして，幅広い視野と高度の専門的知識・技能を兼ね備えた多様な人材を広く教育界に求めることを目的として，教員養成の教育は大学で行うという現在の仕組みが実現したのです（大学における教員養成）。また，戦後は教員養成のみを目的とした専門の学校を設けず，どのような大学（学部・学科）であっても，必要な単位を修得すれば教員免許状を取得できるという仕組みがつくられました（開放制免許状制度）。これにより，国・公・私立のいずれの大学でも，教職課程を開設すれば制度上等しく教員養成に携わることが可能となっています。

2．教員の採用

　教員免許状を取得した者に対して，各都道府県・政令指定都市教育委員会は，教員採用試験を実施して公立学校の教員を採用しています。一般の地方公務員の場合，採用は原則として競争試験によるものとされています（地方公務員法17条の2第1項）。しかし，公立学校の教員の採用は選考によるものとされ，その選考は，任命権者（→用語解説192頁）である教育委員会の教育長が行います（教育公務員特例法11条）。競争試験も選考も，職員の採用にあたり能力を実証するための方法ですが，競争試験は，不特定多数の人

を対象として採用候補者を決定するために行う試験であるのに対し，選考は特定の候補者（例えば，受験資格に免許等が必要など）について，その人が採用しようとする職にふさわしい能力があるか否かを実証する方法とされています[3]。

　地方公務員の採用は，「全て条件付のものとし，当該職員がその職において6月の期間を勤務し，その間その職務を良好な成績で遂行したときに，正式のものとなる」とされています（地方公務員法22条）。これを条件付採用といいます。条件付採用期間は民間企業でいうところの試用期間にあたるものであり，採用された後も実務を通じて能力の実証を行うのです。公立学校の教員の場合には，条件付採用期間が1年に延長されています（教育公務員特例法12条1項）。

第3節　教員の服務，懲戒・分限

1．教員の服務

　教員として採用されたあとは，服務義務を守りながら職務に従事することが必要になります。服務とは，職員が勤務に服する場合の在り方を意味します。地方公務員としての身分を有する公立学校の教員は，全体の奉仕者として公共の利益のために勤務し，かつ，全力をあげて職務の遂行に専念することが服務の根本基準とされています（日本国憲法15条2項，地方公務員法30条）。

　公立学校の教員が守るべき服務義務は，地方公務員法や教育公務員特例法（以下，教特法）に規定されています[4]。地方公務員法に定める服務義務は，職務を遂行する上で遵守すべき「職務上の義務」と，勤務時間の内外を問わず遵守すべき「身分上の義務」に大別できます（表8−1）。

　表8−1の通り，公立学校の教育公務員[5]の場合には，政治的行為の制限と，営利企業への従事等の制限について，教特法が優先

表8－1　教育公務員の服務義務

> 職務上の義務……職務を遂行する上で遵守すべき義務
>
> ①服務の宣誓（地方公務員法 31 条）
> ②法令等および上司の職務上の命令に従う義務（地方公務員法 32 条）
> ③職務に専念する義務（地方公務員法 35 条）
>
> 身分上の義務……勤務時間の内外を問わず遵守すべき義務
>
> ①信用失墜行為の禁止（地方公務員法 33 条）
> ②秘密を守る義務（地方公務員法 34 条）
> ③政治的行為の制限（地方公務員法 36 条→教育公務員特例法 18 条が優先）
> 　→　教育公務員特例法 18 条により，教育公務員については，他の地方公務員と異なり，
> 　　地方公務員法 36 条によらず国家公務員に準じる扱いになっており，政治的行為に関
> 　　する制限が厳しくなっている。
> ④争議行為等の禁止（地方公務員法 37 条）
> ⑤営利企業への従事等の制限（地方公務員法 38 条→教育公務員特例法 17 条が優先）
> 　→　教育公務員特例法 17 条により，教育公務員については，他の地方公務員に比べて，
> 　　兼職・兼業の制限が緩和されている。

的に適用されます。政治的行為の制限については，当分の間，地方公務員法 36 条の規定にかかわらず国家公務員の例によるとしつつ，この制限の違反に対しては国家公務員法上の罰則を適用しないとされています（教特法 18 条）。国家公務員の場合，政治的行為の制限の範囲が全国に及び，制限される内容も地方公務員より厳しくなっています。それゆえ教育公務員は，他の地方公務員に比べて，政治的行為の制限が強化されているといえます。

　一方，営利企業への従事等の制限については，他の地方公務員に比べて兼職・兼業の制限が緩和されています。例えば，一般の地方公務員が他の職を兼ねる場合，これに対して給与を受けてはならないとされていますが（地方公務員法 24 条 3 項），教育公務員が教育に関する他の職を兼ねる場合で，任命権者（県費負担教職員については市町村教育委員会）が認める場合には，給与を重複して支給されることが可能です（教特法 17 条 1 項）。教育に関する他の職の例としては，図書館や博物館等の社会教育施設で教育を担当する非常勤の職などが考えられます。このように，教育公務員について兼職・兼業の

特例が設けられているのは，教員の持っている知識，能力等に関して他に適格者が得がたい場合があることや，児童・生徒の夏休み等の長期休業期間には時間的余裕が認められる場合があること等によると考えられています（学校管理運営法令研究会 2018：118頁）。

なお，県費負担教職員（→用語解説192頁）の任命権は都道府県教育委員会に属していますが（地方教育行政の組織及び運営に関する法律37条1項），その服務の監督は市町村教育委員会が行います（同法43条1項）。

2．懲戒処分

公立学校の教員が，地方公務員法，教特法に定める服務義務に違反した場合，「懲戒処分」を受ける可能性があります。懲戒処分とは，公務員の勤務関係の秩序を維持するため，公務員の個別の行為に対しその責任を追及し，行政上の制裁を課すものです。

懲戒処分には，重い順に，免職，停職，減給，戒告の4種類があります。免職とは，職員としての身分を失わせる処分，停職とは，職員を一定期間職務に従事させない処分，減給とは，一定期間，職員の給料の一定割合を減額して支給する処分，戒告とは，職員の規律違反の責任を確認し，その将来を戒める処分です。

公立学校の教員を含む地方公務員は，地方公務員法で定める事由による場合でなければ，懲戒処分を受けることがありません（地方公務員法27条3項）。では，どのような事由に該当すると懲戒処分が行われるのでしょうか。

地方公務員法には，3つの懲戒事由が定められています。第一に，地方公務員法や教特法，またはこれに基づく条例，地方公共団体の規則，もしくは地方公共団体の機関の定める規程に違反した場合（29条1項1号），第二に，職務上の義務に違反し，または職務を怠った場合（同条1項2号），そして第三に，全体の奉仕者たるにふさわしくない非行のあった場合（同条1項3号）です。これらの

懲戒事由に該当する場合に，懲戒処分を行うかどうか，どの処分を選択するかは，任命権者の裁量に任されています。

３．分限処分

　懲戒処分と同様に，職員に不利益を課す処分として，「分限処分」があります。分限処分には，免職，降任，休職，降給の４種類があります。免職とは，職員としての身分を失わせる処分，降任とは，上位の職から下位の職に下げる処分（昇任の逆），休職とは，職員を一定期間職務に従事させない処分，降給とは，現に決定されている給料の額よりも低い額の給料に決定する処分です。免職や休職のように，分限処分には懲戒処分と同じ効果をもたらすものもありますが，その目的は懲戒処分とは異なっています。分限処分は，公務の能率の維持向上のために行われるものであり，制裁としての性質は有していません。また，懲戒処分が職員の道義的責任を問題とするのに対し，分限処分はこれを追及するものではありません。

　降任，免職は，①人事評価または勤務の状況を示す事実に照らして，勤務実績がよくない場合，②心身の故障のため，職務の遂行に支障があり，またはこれに堪えない場合，③このほか，その職に必要な適格性を欠く場合，④職制もしくは定数の改廃または予算の減少により廃職または過員を生じた場合，に行うことができます（地方公務員法28条1項）。休職は，①心身の故障のため，長期の休養を要する場合，②刑事事件に関し起訴された場合に行うことが可能です（同条2項）。降給の事由は，各地方公共団体の条例で定めることになっています（27条2項）。

　例えば，児童とのコミュニケーションに問題がある教員がいたとして，それが本人の怠慢によるものであれば懲戒処分の対象になります。これに対し，その原因が精神疾患によるものであったり，あるいは本人の努力によっても児童とのコミュニケーションがとれなかったりする場合には，分限処分の対象となります。

第4節　研修

　教員の力量は，学校教育の質を左右します。そのため，教員として採用された後も，教員は研修を行いながら，自らの力量を絶えず向上させるよう努力を続ける必要があります。

　教育基本法は，研修について，「法律に定める学校の教員は，自己の崇高な使命を深く自覚し，絶えず研究と修養に励み，その職責の遂行に努めなければならない」と定めています（9条1項）。教特法にも同様の規定が置かれており，「教育公務員は，その職責を遂行するために，絶えず研究と修養に努めなければならない」（21条1項）とされています。

　この教特法の規定と，地方公務員法の研修に関する規定「職員には，その勤務能率の発揮及び増進のために，研修を受ける機会が与えられなければならない」（39条1項）を比べてみましょう。地方公務員については，研修についての職員の立場は受け身となっていますが，教育公務員については，自らが能動的に研修（研究と修養）を行う努力義務が課されていることがわかります。教育公務員については，主体的な研修を期待し，その自覚を促しているのです。

　また，教特法は，教育公務員の研修実施者に対し，研修に「要する施設，研修を奨励するための方途その他研修に関する計画を樹立し，その実施に努めなければならない」として，条件整備を求めています（21条2項）。そして，任命権者である教育委員会には，地域の実情に応じた「校長及び教員としての資質の向上に関する指標」を定めるとともに（同法22条の3第1項），研修実施者にはこの指標を踏まえた「教員研修計画」を定める義務が課されています（同法22条の4第1項）。

　研修の種類は，①職務命令による研修，②職務専念義務の免除による研修（職専免研修），③勤務時間外に行う研修（自主研修）に

分類することができます。

　①職務命令による研修は，職務の一環として位置づけられるもので，教特法に定められている研修と，各教育委員会が独自に行う研修（教科指導や生徒指導に関する研修など）があります。教特法に定められているものとしては，初任者研修，中堅教諭等資質向上研修，指導改善研修があります。初任者研修とは，公立の小学校等の教諭等として，採用の日から1年間の職務の遂行に必要な事項に関する実践的な研修です（23条1項）。他方，中堅教諭等資質向上研修とは，「公立の小学校等における教育に関し相当の経験を有し，その教育活動その他の学校運営の円滑かつ効果的な実施において中核的な役割を果たすことが期待される中堅教諭等としての職務を遂行する上で必要とされる資質の向上を図るため」に行われる研修です（24条1項）。初任者研修，中堅教諭等資質向上研修が，基本的にすべての教員を対象とするものであるのに対し，指導改善研修は，児童・生徒等に対する指導が不適切であると認定された教諭等に対して，その指導の改善を図るために行われる研修です（25条1項）。

　②職務専念義務の免除による研修（職専免研修）とは，教特法22条2項に定められている「勤務場所を離れて行う研修」のことです。教特法22条2項では，「教員は，授業に支障のない限り，本属長の承認を受けて，勤務場所を離れて研修を行うことができる」と規定されています。地方公務員には，職務に専念する義務（地方公務員法35条）が課されていますので，公立学校の教員が勤務場所を離れて研修を行うためには，この義務を免除してから研修を行う必要があるのです。

　最後に，③勤務時間外に行う研修（自主研修）です。これは，勤務時間外に，教員が自己啓発や職務上のスキルアップのために自発的に行う研修です。勤務時間外の研修ですので，誰かに許可を得る必要はなく，内容についても教員の自律的な判断に任されています。

〈註〉

＊1　教員資格認定試験とは，大学等における教員養成のコースを歩んできた
か否かを問わず，教員として必要な資質，能力を有すると認められた者に
教員への道を開くために文部科学省が開催している試験です（試験実施事
務は独立行政法人教職員支援機構が実施）。2023（令和5）年度は，幼稚園，
小学校，特別支援学校の教員資格認定試験が実施されました。

＊2　文部科学省HP「特別免許状及び特別非常勤講師制度について」https:
//www.mext.go.jp/content/20210514-mxt_kyoikujinzai02-
000014888_4.pdf（最終アクセス日：2023〈令和5〉年10月12日）。

＊3　大阪府HP「専門用語を解説！（任用関係）」http://www.pref.osaka.
lg.jp/jinji-i/kaisetsu/ninyo.html（最終アクセス日：2023〈令和5〉年
10月12日最終アクセス）。

＊4　教特法は，地方公務員法の特別法であり，服務など，地方公務員法，教
特法の両方に定めがある事柄については，教特法が優先的に適用されます。
なお，私立学校の教員の場合には，通常，学校法人が定める就業規則の中
に服務に関する規程が置かれています。

＊5　教育公務員とは，地方公務員のうち，学校教育法1条に規定する学校お
よび幼保連携型認定こども園であって，地方公共団体が設置するもの（公
立学校）の校長（園長を含む），教員等をいいます（教特法2条1項）。

〈参考文献〉

・学校管理運営法令研究会編著『第六次全訂　新学校管理読本』第一法規
（2018年）

・坂田仰・黒川雅子・河内祥子・山田知代『新訂第4版 図解・表解教育法規』
教育開発研究所（2021年）

・橋本勇『新版　逐条地方公務員法　第5次改訂版』学陽書房（2020年）

Question

Q1　公立学校の教員の服務義務について，地方公務員法，教
育公務員特例法の条文を調べて確認してみましょう。

Q2　都道府県・指定都市教育委員会が策定している「校長及
び教員としての資質の向上に関する指標」（教特法22条の
3）の内容はどのようなものか，調べてみましょう。

用語解説

わいせつ教員対策法

　本来，児童・生徒を守り育てる立場にある教員が，児童・生徒に対して性暴力を行うことは，決してあってはならないことです。しかし，残念なことに，児童・生徒に対し性暴力を行い懲戒免職になる教員は後を絶ちません。こうした状況が問題視され，2021（令和3）年，「教育職員等による児童生徒性暴力等の防止等に関する法律」（以下，わいせつ教員対策法）が制定されました（2022〈令和4〉年4月1日施行）。

　この法律では，「教育職員等は，児童生徒性暴力等をしてはならない」（3条）と定められています。同法で「児童生徒等」とは，①学校に在籍する幼児，児童，生徒，②18歳未満の者（①に該当する者を除く）をいい（2条2項），「児童生徒性暴力等」とは，児童生徒等に性交等をすることまたは性交等をさせることや児童生徒等にわいせつ行為をすることまたはわいせつ行為をさせること等を指します（2条3項）。

　わいせつ教員対策法は，児童生徒性暴力等を行ったことにより懲戒免職となった教員が，再び教壇に立つのを防止することをねらいの一つとしています。教育職員免許法では，懲戒免職処分を受けて教員免許状が失効しても，3年が経過すれば教員免許状の再授与が可能となっています（5条1項4号）。しかし，わいせつ教員対策法では「特定免許状失効者等」（児童生徒性暴力等を行ったことにより教員免許状が失効または免許状取上げ処分となった者）については，その原因となった「児童生徒性暴力等の内容等を踏まえ，当該特定免許状失効者等の改善更生の状況その他その後の事情により再び免許状を授与するのが適当であると認められる場合に限り，再び免許状を授与することができる」（22条1項）との特例を定めることにより，教員免許状の再授与を難しくしたのです。

　このほか，特定免許状失効者等に該当するか否かを確認するため，任命権者等には，教育職員を任命または雇用しようとするときは，国が整備するデータベースを活用することが義務づけられています（7条1項）。

第9章 中央教育行政と地方教育行政

第9章 中央教育行政と地方教育行政

高木　秀人

はじめに

　教育・保育行政を構築・運用し，各学校や保育所などで教育や保育を進めていくためには，国と地方公共団体が適切に役割を分担し，国・地方公共団体それぞれに必要な組織を設けなければなりません。

　本章では，地方自治法や教育基本法などの教育関係法令における国と地方公共団体との役割分担や，国の文部科学省やこども家庭庁，地方における教育委員会制度などを示すことにより，教育・保育行政の仕組みの理解につなげます。

第1節　国と地方の役割分担

1．地方自治法による国と地方の役割分担の原則

　国と地方公共団体との役割分担の基本的な考え方は，地方自治法1条の2第2項に規定しています。

　国が本来果たすべき役割として，①国際社会における国家としての存立にかかわる事務，②全国的に統一して定めることが望ましい国民の諸活動または地方自治に関する基本的な準則に関する事務，③全国的な規模でまたは全国的な視点に立って行わなければならない施策や事業の実施を例示し，重点的に担うこととしています。

　一方，住民に身近な行政は，できる限り地方公共団体に委ねることを基本としています。その上で，国は，地方公共団体との間で適切に役割を分担するとともに，地方公共団体に関する制度の策定や

施策の実施に当たって，地方公共団体の自主性や自立性が十分に発揮されるようにしなければならないとされています。

2．教育基本法における国と地方の役割分担

　一方，教育の目的や理念，教育の実施に関する基本などを定めた教育基本法では，教育行政における国と地方の役割分担を規定しています。同法16条1項において，「教育行政は，国と地方公共団体との適切な役割分担及び相互の協力の下，公正かつ適正に行われなければならない。」とされ，これを受け，国と地方公共団体のそれぞれの役割について，以下のように規定しています。

> ○国は，全国的な教育の機会均等と教育水準の維持向上を図るため，教育に関する施策を総合的に策定し，実施しなければならない。（16条2項）
> ○地方公共団体は，その地域における教育の振興を図るため，その実情に応じた教育に関する施策を策定し，実施しなければならない。（16条3項）

3．教育関係法令における国と地方の役割分担

　教育基本法を受け，地方自治法を踏まえ，教育関係の各法律においては，国と地方公共団体のそれぞれの役割について規定しています。例えば，学校教育法では，国の役割として，以下のものを文部科学大臣が定めることを規定しています。

> ○学校の種類に応じた設備，編制その他に関する設置基準（3条）【幼稚園設置基準，小学校設置基準など】
> ○校長や教員の資格に関する事項（8条）【学校教育法施行規則】
> ○幼稚園や小学校などの教育課程に関する事項（25条1項，33条など）【幼稚園教育要領，小学校学習指導要領など】
> ○幼稚園や小学校の教育活動などの学校運営の状況についての評価方法（28条，42条など）【学校教育法施行規則】

注）【　】は文部科学大臣が定めた具体的な内容を示す省令・告示

一方，地方公共団体の役割として，以下のような規定があります。

○私立の幼稚園や小学校などは，都道府県知事の所管に属する（28条，44条など）
○市町村に対する，区域内の学齢児童・学齢生徒を就学させるに必要な小学校・中学校の設置義務（38条，49条）

　他にも，私立学校法や地方教育行政の組織及び運営に関する法律（以下，地教行法），児童福祉法などにおいても，国と地方公共団体のそれぞれの役割を規定しています。

第2節　中央教育行政の制度

1．内閣と国家行政組織

　我が国の行政権は，日本国憲法65条の規定により，内閣に属します。内閣は，内閣法の規定により，「内閣総理大臣及び内閣総理大臣により任命された国務大臣をもつて」組織（2条1項）され，各大臣は，「主任の大臣として，行政事務を分担管理する」（3条1項）こととなります。また，国家行政組織法の規定により，「内閣の統轄の下に」（2条2項）置かれる国の行政機関として，文部科学省など11省を掲げています（別表第一）。

2．文部科学省

(1)　文部科学省の任務および所掌事務

　教育の振興などを担う国の行政機関として，文部科学省設置法に基づき，文部科学省を設置しています。文部科学省の任務として，同法3条1項に，「教育の振興及び生涯学習の推進を中核とした豊かな人間性を備えた創造的な人材の育成」，「学術の振興」，「科学技術の総合的な振興」，「スポーツ及び文化に関する施策の総合的な推進」，「宗教に関する行政事務を適切に行うこと」を規定しています。

　また，同法4条1項各号に所掌事務を列挙しています。幼稚園や小学校などに関係するものとして，以下に関することなどを規定し

ています。

> ○地方教育行政に関する制度の企画および立案ならびに地方教育行政の
> 　組織および一般的運営に関する指導，助言および勧告（3号）
> ○地方公務員である教育関係職員の任免，給与その他の身分取扱いに関
> 　する制度の企画および立案ならびにこれらの制度の運営に関する指導，
> 　助言および勧告（5号）
> ○初等中等教育の基準の設定（9号）
> ○教科用図書の検定（10号）・無償措置（11号）
> ○教育職員の養成ならびに資質の保持および向上（13号）
> ○私立学校に関する行政の制度の企画および立案ならびにこれらの行政
> 　の組織および一般的運営に関する指導，助言および勧告（28号）

⑵　**中央教育審議会**

　国家行政組織法8条では，「国の行政機関には，法律の定める所掌事務の範囲内で，法律又は政令の定めるところにより，重要事項に関する調査審議，不服審査その他学識経験を有する者等の合議により処理することが適当な事務をつかさどらせるための合議制の機関を置くことができる。」と規定しています。

　この規定を受けて，文部科学省には，中央教育審議会令により，中央教育審議会（→用語解説190頁）を置いています。文部科学省という事務組織内だけでなく，幅広い知見を生かした施策を企画立案するため，中央教育審議会では，学識経験のある者を委員として任命し，地方教育行政に関する制度，幼稚園や小学校を含む初等中等教育の振興や基準に関する重要事項などを調査審議します。

３．こども家庭庁と文部科学省との関係

⑴　**内閣府こども家庭庁の設立**

　常にこどもの最善の利益を第一に考え，こどもに関する取組・政策を我が国社会の真ん中に据える「こどもまんなか社会」を目指すための新たな司令塔として，2023（令和5）年4月にこども家庭庁が設立されました。こども家庭庁は，こども家庭庁設置法に基づ

き，内閣府の外局として設置され（2条1項），「こどもの健やかな成長及びこどものある家庭における子育てに対する支援」「こどもの権利利益の擁護」に関する事務を行うことを任務としています（3条1項）。

(2) こども家庭庁と文部科学省のそれぞれの役割

こどもの健やかな成長にとって，教育は必要不可欠です。文部科学省は，初等中等教育，高等教育および社会教育の振興に関する事務を一貫して担っており，この教育行政の一体性を維持しつつこどもの教育の振興を図ることは，こどもの成長を「学び」の側面から支えていく上で重要です。

このため，教育については文部科学省の下でこれまでどおりその充実を図り，こども家庭庁はすべてのこどもの健やかな成長を保障する観点から必要な関与を行うことにより，両省庁が密接に連携して，こどもの健やかな成長を保障することとしています。

(3) 幼稚園教育要領策定時などの両省庁の連携

こども家庭庁の設立に伴い，幼稚園，保育所，認定こども園の施設類型を問わず，すべてのこどもの育ちを保障する観点から，学校教育法，児童福祉法，就学前の子どもに関する教育，保育等の総合的な提供の推進に関する法律（以下，認定こども園法）を改正し，幼稚園教育要領，保育所保育指針，幼保連携型認定こども園教育・保育要領を定めるに当たっては，それぞれの要領・指針との整合性の確保などに配慮しなければならないことが規定されました（学校教育法25条2項，児童福祉法45条3項，認定こども園法10条2項）。

また，幼稚園教育要領を定めるにあたっては，あらかじめ，文部科学大臣が内閣総理大臣に，保育所保育指針を定めるにあたっては，あらかじめ，内閣総理大臣が文部科学大臣に協議しなければならないことも規定されました（学校教育法25条3項，児童福祉法45

条4項)。

第3節 地方教育行政の制度

1．地方自治法による首長と行政委員会

(1) 普通地方公共団体の首長と一般的な行政

　地方自治法では，都道府県知事や市町村長などの普通地方公共団体の長（以下，首長）が当該普通地方公共団体を統括し，代表する（147条）とともに，事務を管理し，執行しています（148条）。

　また，首長は，その権限に属する事務を分掌させるため，必要な内部組織を設けることができる（158条1項）こととされています。具体的には，「児童福祉部」を設け，私立保育所の設置認可や公立保育所の運営を担ったり，「私学振興課」を設け，私立学校の設置認可を担ったりしています。

(2) 行政委員会

　一方，政治的中立性や公平性が求められる分野や慎重な手続きを必要とする特定の分野に限り，行政委員会が設置されます。地方自治法では，法律に定めるところにより，委員会または委員を置くとされています（138条の4第1項）。すべての普通地方公共団体に置かなければならない委員会または委員は，教育委員会，選挙管理委員会，人事委員会（または公平委員会），監査委員です（180条の5第1項）。

2．教育委員会制度

(1) 教育委員会制度の仕組み

　教育委員会は，行政委員会の一つとして，地教行法に基づき，すべての都道府県および市町村などに設置され（2条），地域の学校教育，社会教育，文化，スポーツなどに関する事務を担当しています（21条）。

　教育委員会は，教育長および4人の教育委員で組織しますが，条

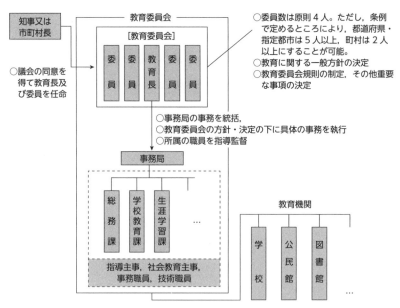

出典）文部科学省 HP「教育委員会制度について」
https://www.mext.go.jp/a_menu/chihou/05071301.htm
（最終アクセス日：2023〔令和5〕年10月18日）より引用

図9－1　教育委員会の組織のイメージ

例で定めるところにより，都道府県などは教育委員を5人以上，町村は2人以上にできます（3条）。教育長および教育委員は，首長が議会の同意を得て任命します（4条1項，2項）。任期は，教育長は3年，教育委員は4年で，再任されることができます（5条）。

　教育委員会の権限に属する事務を処理させるため，教育委員会に事務局が置かれます（17条1項）。

⑵　教育委員会制度の意義

　教育委員会制度を設ける意義として，以下の3つが挙げられます。

①政治的中立性の確保

　個人の精神的な価値の形成を目指して行われる教育においては，その内容は，中立公正であることは極めて重要になります。このた

め，教育行政の執行に当たっても，個人的な価値判断や特定の党派的影響力から中立性を確保することが必要になります。

②継続性，安定性の確保

　教育は，子どもの健全な成長発達のため，学習期間を通じて一貫した方針の下，安定的に行われることが必要です。また，教育は，結果が出るまで時間がかかり，その結果も把握しにくい特性から，学校運営の方針変更などの改革・改善は漸進的なものであることが必要です。

③地域住民の意向の反映

　教育は，地域住民にとって身近で関心の高い行政分野であり，専門家のみが担うのではなく，広く地域住民の意向を踏まえて行われることが必要です。

(3)　教育委員会制度の特性

　前述の教育委員会制度の意義を踏まえて，教育委員会制度は以下の3つの特性を有しています。

①首長からの独立性

　行政委員会の一つとして，独立した機関を置き，教育行政を担当させることにより，首長への権限の集中を防止し，中立的・専門的な行政運営を担保しています。

②合議制

　多様な属性を持った複数の委員による合議により，様々な意見や立場を集約した中立的な意思決定を行うこととしています。

③住民による意思決定（レイマンコントロール）

　住民が専門的な行政官で構成される事務局を指揮監督する，いわゆるレイマンコントロールの仕組みにより，専門家の判断のみによらない，広く地域住民の意向を反映した教育行政を実現できます。

(4)　教育委員会の職務権限

　教育委員会は，地域の公共事務のうち，教育，文化，スポーツ等

に関する事務を処理しています。具体的には，地教行法21条に以下に関することなどが列挙されています。

> ○教育委員会の所管に属する学校の設置・管理（1号），職員の人事（3号）・研修（8号）
> ○教科書その他の教材の取扱い（6号）
> ○校舎等の施設・設備の整備（7号）
> ○社会教育（12号），スポーツ（13号），文化財の保護（14号）

(5) 首長の権限

　一方，首長の職務権限は，地教行法22条において，後述する大綱の策定のほか，以下に関することなどが列挙されています。

> ○大学（1号），幼保連携型認定こども園（2号），私立学校（3号）
> ○教育財産の取得・処分（4号）
> ○教育委員会の所掌に係る事項に関する契約締結（5号）・予算執行（6号）

(6) 2015（平成27）年4月施行の教育委員会制度改革

　教育の政治的中立性，継続性・安定性を確保しつつ，地方教育行政における責任の明確化，迅速な危機管理体制の構築，首長との連携強化を図るため，主に以下の4点を中心に，地教行法が改正され，2015（平成27）年4月に施行されました。

①教育委員長と教育長を一本化した新「教育長」の設置

　従前は，非常勤の教育委員長と常勤の教育長が存在し，どちらが責任者か分かりにくい状況でした。また，首長は教育委員のうち，誰を教育委員長や教育長に任命するのかの権限は与えられていませんでした。そのため，教育委員長と教育長を一本化し，常勤の教育長（11条4項）が教育委員会を代表する（13条1項）ことを明記し，教育委員会の第一義的な責任者が教育長であることを明確にしました。

　また，首長が地方議会の同意を得て，直接教育長を任命する（4

条1項）ことにより，首長の任命責任を明確化しました。

②教育長へのチェック機能の強化と会議の透明化

　従前は，非常勤の教育委員長が教育委員会会議を招集することとなっていたところ，制度改革により，常勤の教育長が招集する（14条1項）ことになり，迅速な対応が可能になりました。それに伴い，教育長に対する教育委員のチェック機能を強化するため，教育長は，委員定数の3分の1以上の教育委員から会議の招集を請求された場合は，教育委員会会議を招集しなければならない（同条2項）ことや，教育委員会規則で定めるところにより，教育長が委任された事務の管理・執行状況を教育委員会に報告しなければならない（25条3項）ことについて規定されました。

　また，教育委員会会議の透明化のため，教育委員会会議の議事録を作成し，公表するように努めなければならない（14条9項）こととされています。

③すべての地方公共団体に「総合教育会議」を設置

　首長は教育委員会の所掌に係る事項に関する契約締結や予算執行などの権限を有するため，教育委員会と密接な関連があります。そのため，首長と教育委員会を構成員とする「総合教育会議」をすべての地方公共団体に設置することとなりました（1条の4）。

　「総合教育会議」は首長が招集（同条3項）し，会議は原則公開になります（同条6項）。また，「総合教育会議」で協議・調整される事項は，以下の通りです。

○教育行政の大綱の策定（1条の4第1項）
○教育の条件整備など重点的に講ずべき施策（1条の4第1項1号）
○児童・生徒等の生命・身体の保護等緊急の場合に講ずべき措置（1条の4第1項2号）

　「総合教育会議」を設置することにより，首長が教育行政に果たす責任や役割が明確になるとともに，首長が公の場で教育政策につ

いて議論することが可能になりました。首長と教育委員会が協議・調整することにより，両者が教育政策の方向性を共有し，一致して執行にあたることが可能になりました。

④教育に関する「大綱」を首長が策定

　教育基本法17条1項で，政府は，「教育振興基本計画」（→用語解説115頁）を策定することとなっています。これを受け，同条2項で，地方公共団体は，国の「教育振興基本計画」を参酌し，その地域の実情に応じ，教育の振興のための施策に関する基本的な計画を定めるよう努めなければならないこととされています。

　地教行法では，その地域の実情に応じた基本的な方針を「大綱」と称し，首長が定めることとされています（1条の3第1項）。「大綱」を定めるときは，「総合教育会議」において協議する（同条2項）こととされており，策定後は，首長と教育委員会がそれぞれの所管する事務を執行します。「大綱」を策定することにより，地方公共団体としての教育政策に関する方向性が明確化します。

〈参考文献〉
・鈴木勲編著『逐条学校教育法　第9次改訂版』学陽書房（2022年）
・木田宏著・教育行政研究会編著『逐条解説　地方教育行政の組織及び運営に関する法律　第5次新訂』第一法規（2023年）
・松坂浩史『逐条解説　私立学校法　三訂版』学校経理研究所（2020年）

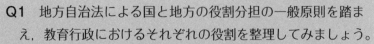

Question

Q1　地方自治法による国と地方の役割分担の一般原則を踏まえ，教育行政におけるそれぞれの役割を整理してみましょう。

Q2　地方公共団体における首長と教育委員会との関係や責任について，地域住民の立場から望ましい在り方を考えてみましょう。

用語解説

教育振興基本計画

　「教育振興基本計画」は，2006（平成18）年に全面改正された教育基本法に基づき，政府が策定する教育に関する総合計画です。今後5年間の国の教育政策全体の方向性や目標，施策などを定めます。2008（平成20）年に初めて策定し，以降，5年おきに第2期・第3期計画を策定して，現在，第4期計画の計画期間中になります（2023〈令和5〉年度～2027〈令和9〉年度）。

　第4期計画は，2023（令和5）年6月に閣議決定され，以下の2つのコンセプトと5つの基本的な方針を示しています。

2つのコンセプト
(1)　2040年以降の社会を見据えた持続可能な社会の創り手の育成
○将来の予測が困難な時代に，未来に向けて自らが社会の創り手となり，持続可能な社会を維持・発展させていく人材を育てる
○主体性，リーダーシップ，創造力，課題設定・解決能力，論理的思考力，表現力，チームワークなどを備えた人材の育成
(2)　日本社会に根差したウェルビーイングの向上
○多様な個人それぞれが幸せや生きがいを感じるとともに，地域や社会が幸せや豊かさを感じられるものとなるよう，教育を通じてウェルビーイングを向上
○幸福感，学校や地域でのつながり，協働性，利他性，多様性への理解，社会貢献意識，自己肯定感，自己実現等を調和的・一体的に育む

5つの基本的な方針
①グローバル化する社会の持続的な発展に向けて学び続ける人材の育成
②誰一人取り残されず，全ての人の可能性を引き出す共生社会の実現に向けた教育の推進
③地域や家庭で共に学び支え合う社会の実現に向けた教育の推進
④教育デジタルトランスフォーメーション（DX）の推進
⑤計画の実効性確保のための基盤整備・対話

　これを受け，「教育政策の持続的改善のための評価・指標の在り方」，「教育投資の在り方」を示すとともに，「今後5年間の教育政策の目標と基本施策」として，16の目標を掲げ，それぞれの目標ごとに基本施策と指標を示しています。

第10章 学校経営の制度

加藤　崇英

はじめに

　「生きる力」の学力観が示されて以降，学校評価や「チーム学校」など，自律的学校経営を展開するために必要な制度改革が進められてきました。本章では学校経営の制度の改革や現状を概観します。そして教員の立場とどう関係しているかについて考えたいと思います。

第1節　「生きる力」と自律的学校経営

　1996（平成8）年，中央教育審議会「21世紀を展望した我が国の教育の在り方について」（第1次答申）が示されました。そこでは「いかに社会が変化しようと，自分で課題を見つけ，自ら学び，自ら考え，主体的に判断し，行動し，よりよく問題を解決する資質や能力」，「自らを律しつつ，他人とともに協調し，他人を思いやる心や感動する心など，豊かな人間性」，そして，「たくましく生きるための健康や体力」の重要性を指摘し，「生きる力」が提言されました。その後，1998（平成10）年7月，教育課程審議会「幼稚園，小学校，中学校，高等学校，盲学校，聾学校及び養護学校の教育課程の基準の改善について」（答申）が示され，同年12月，小学校および中学校の学習指導要領が改訂されました（平成10年版学習指導要領）。この学習指導要領は2002（平成14）年4月から全面実施されました。

この平成10年改訂の学習指導要領の与えた影響は大きいといえます。「生きる力」の学力観はその最たるものといえますが，これを起点に学校経営の在り方にも大きな転換を迫るものになりました。それまでの日本の学校，とりわけ公立学校は全国一律の教育水準を維持し，公平・公正性を重視してきましたが，それによって他方で，画一的であることも特徴といえました。しかし，特に1990年代以降は子どもの多様性が一段と進み，むしろそうした意味で個性を生かすことが重要視されるようになりました。

すなわち「各学校が創意工夫を生かし特色ある教育，特色ある学校づくりを進めること」であり，「児童一人一人の個性を生かす教育」のために「各学校が児童や地域の実態等を十分踏まえ，創意工夫を存分に生かした特色ある教育活動を展開することが大切である」と指摘されました（先述の教育課程審議会答申）。つまり，ここに自律的学校経営が求められる根拠があるといえます。

第2節　学校の組織とマネジメント

1．学校の教職員

(1)　教職員の基本的な構成

学校の組織は，必置の教職員とほかに任意で配置する教職員で構成します。まず，学校には，校長，教頭，教諭，養護教諭および事務職員を置かなければなりません（学校教育法37条1項）[*1]。さらに副校長，主幹教諭，指導教諭，栄養教諭その他必要な職員を置くことができます（同条2項）。

校長は「校務をつかさどり，所属職員を監督」します（学校教育法37条4項）。学校全体の運営やマネジメントに関して責任をもちます。副校長は「校長を助け」，管理運営にあたります（同条5項）。教頭は，校長を補佐し，校務を整理しますが，授業を行うこともあります（同条7項）。学校でもっとも人数が多いのは教諭で

す。教諭は「児童の教育をつかさどる」（同条 11 項），つまり授業を行い，学習指導を中心に担います。主幹教諭は授業を行いますが，校務の一部を整理します（同条 9 項）。また指導教諭は，自分が授業を行う以外に他の教職員に対して教育指導の改善について指導および助言を行います（同条 10 項）。養護教諭は「児童の養護をつかさどる」（同条 12 項），つまり子どもの健康の保持と増進のための業務を行います。また，健康診断の補助，保健教育への協力，保健室の管理を行います。栄養教諭は栄養や食に関する指導等を行います（同条 13 項）。事務職員は教職員の給与と旅費，学校の予算管理等に関する業務を行います（同条 14 項）。

　また，助教諭，講師，養護助教諭があります（学校教育法 37 条 15 ～ 17 項）。学校医，学校歯科医および学校薬剤師は，学校に置くものとされており，通常，非常勤です（学校保健安全法 23 条 1 項，2 項）。また，学校司書は配置の努力義務があります（学校図書館法 6 条 1 項）。高等学校や特別支援学校には，技術職員，実習助手を置くことができます（学校教育法 60 条 2 項）。さらに学校給食栄養管理者や給食調理員，学校の設備備品等に関わって学校用務員があります。

⑵　**教諭をもって充てる職**

　いわゆる「主任」は教諭をもって充てる職とされています。

　教務主任は教育計画の立案その他の教務に関する事項について連絡調整および指導，助言を行います（学校教育法施行規則 44 条 1 ～ 4 項，中学校ほか準用）。学年主任は学年の教育活動に関して連絡調整や指導，助言を行います（同条 1 項，5 項，中学校ほか準用）。保健主事は保健に関する事項の管理を行います（同規則 45 条 1 ～ 4 項，中学校ほか準用）。司書教諭は原則，必置ですが，小規模校はその限りではありません（学校図書館法 5 条 1 項，附則 2 項，学校図書館法附則第二項の学校の規模を定める政令）。

　中学校や高等学校では生徒指導主事および進路指導主事が必置です（学校教育法施行規則70条1項，71条1項，高等学校準用）。さらに必要に応じ，校務を分担する主任等を置くことができます（同規則47条，中学校，高等学校等準用）。また事務長や事務主任もあります（同規則46条1項，中学校準用，高等学校は同規則82条1項で事務長を必置規定）。

(3)　校長のリーダーシップと学校組織の在り方

　1998（平成10）年9月の中央教育審議会「今後の地方教育行政の在り方について」（答申）では，国と地方の関係が見直され，教育についても地方分権を進める提言がなされました。そのなかで学校は，先に述べた「生きる力」を育むために各学校の判断によって自主的・自律的で特色のある学校教育活動が期待されるようになりました。ここで重要視されたのが校長のリーダーシップです。

　またこれを支援する制度が整備されました。それまで慣習的な位置づけにあった職員会議が法制化され，校長が主宰する諮問的な位置づけが明確になりました（学校教育法施行規則48条）。また校長の求めに応じ意見を述べる学校評議員制度（第11章を参照）が創設され，校長の推薦により設置者が委嘱します（同規則49条）。さらに学校のマネジメントを展開できる人材を幅広く登用できるように「民間人校長」の制度も作られました[2]。

　このように校長を中心として，組織的で計画的なマネジメントを進め，また保護者や地域との信頼関係を構築し，「開かれた学校」づくりが可能となるように学校経営の制度が整備されてきました。

2．学校マネジメントと学校評価

(1)　学校評価ガイドライン

　前項で述べた教職員の組織が有機的に，また効率的に機能するために学校のマネジメントが必要といえます。そこで学校教育目標がどれだけ達成されたのか，またそこで残された課題は何か，これら

を地域や保護者に対してしっかり説明し，いっそうの協力関係と信頼を構築していくことが重要といえます。こうしたマネジメントにおいて重要な機能の一つとされているのが，PDCAサイクルによるマネジメントであり，これを確実に機能させることが学校評価の制度として法制化されています。

　2006（平成18）年3月，文部科学省は，学校評価に関する最初のガイドラインとなる『義務教育諸学校における学校評価ガイドライン』を作成しました。その後，2007（平成19）年6月，それまで小学校設置基準等において規定されていた学校評価は，学校教育法の一部改正において学校教育法に規定されたことですべての学校に義務化されました（学校教育法42条，43条，中学校ほか準用）。そして同年10月，学校教育法施行規則が改正され，そこで①自己評価，②学校関係者評価，③設置者への報告，が規定されました（学校教育法施行規則66〜68条）。なお，数度の改訂を経て，『学校評価ガイドライン〔平成28年改訂〕』が示されています。

(2)　学校評価のしくみ

①自己評価

　学校は，年度の初めに前年度の学校評価の結果や反省点を踏まえて新たな学校経営計画を策定します。その際，重点目標を設定し，目標達成に必要な評価項目を明確にします。また，教育活動を円滑にするために会議や打合せがあります。そのような組織の活動についてもどれくらいできたのか，振り返ったり，反省したりします。各教職員の意見をアンケートで集める場合もあります。また教育活動や行事について「保護者アンケート」を行うこともあります。これらは自己評価の資料という位置づけになります。

　以上の評価について，取りまとめたものを自己評価とし，成果を確認するとともに，学校関係者評価からの意見も踏まえて，次年度

に向けて改善方策について検討します。これらの情報は可能な範囲で保護者・地域に提供・公表されます。

②学校関係者評価

学校関係者評価は，保護者や地域住民あるいは有識者等が学校関係者評価委員となって行います。学校の自己評価の結果を協議し，意見を述べることで外部の関係者の視点によって客観化していくことが学校関係者評価の役割といえます。

③設置者への報告

設置者（公立学校の場合は教育委員会）は，適宜，学校評価に関する研修を企画するなどの支援を行い，必要があれば助言を行います。そして年度末には学校から自己評価と学校関係者評価の結果について報告を受けます。

以上の①〜③の制度としてのしくみを骨格として，学校を改善させていくマネジメントを展開するプロセスを，PDCA（PLAN：計画，DO：実施，CHECK：評価，ACTION：改善（としての行動））サイクルと呼びます。

第3節　学級経営と学校経営

1．「学級崩壊」問題と学級・学校経営の関係

教員にとって担任として学級を任せられるということはやりがいや誇りであり，責任を感じるところといえます。同時に，時として他の教員は口出ししにくい側面もあり，いずれにせよ，こうした一人の教員に一つの学級を任せる考え方が学級経営の根底にあったといえます。しかし，この考え方に大きな変化をもたらしたのが，1997（平成9）年頃から社会問題化した「学級崩壊」問題です。

教員が学級の子どもたちを制御できず，子どもたちが教員の指示に従わない状況がメディア等でセンセーショナルに取りあげられました[*3]。当初は端的に教員の力量不足や指導力不足が批判されま

した。しかし，力量や経験のある教員でさえこうした問題に陥る学級の事例が報告されるなど，徐々にこの問題の複雑さや困難さが明らかとなっていきました。

1999（平成11）年，国立教育研究所「学級経営研究会」による『学級経営の充実に関する調査研究』（中間まとめ）では，学級崩壊とは「学級がうまく機能しない状況」とし，「子どもたちが教室内で勝手な行動をして教師の指導に従わず，授業が成立しないなど，集団教育という学校の機能が成立しない学級の状態が一定期間継続し，学級担任による通常の手法では問題解決ができない状態に立ち至っている場合」と定義されました。

同時に一方で，校長のリーダーシップの不足，学級での教員による指導の柔軟性の欠如，いじめなどの問題行動への対応の遅れなどの問題が指摘されます。また，就学前教育との連携・協力の不足，特別支援教育の課題，家庭との対話の不十分さなどが指摘されました。つまり，「学級崩壊」問題には，一人の教員の力量を超えるような，学校が内外の連携や協力関係によって解決すべき課題が含まれていたといえます。

2．学級経営を支援する「チーム学校」へ

⑴ 学級経営への支援

こうして学級経営は，「学級崩壊」問題以前は，どちらかといえば「担任まかせ」の傾向が強かったものが，今日では，学級担任を孤立させない学校経営が重要と考えられるようになってきました。とりわけ特に困難な学級については，各種の支援員や管理職などが直接支援に入るようになります。このような支援の考え方は後述する「チーム学校」の考え方に合流していったといえます。

⑵ 不登校および保健室登校への対応

不登校に悩む子どものなかには，学校に来ることができても教室に入ることができない子どももいます。その場合，支援員等が別室

での指導を行ったり，あるいは養護教諭がその子どもの指導を保健室で行ったりすることもあります（いわゆる「保健室登校」）。困難化したケースの場合，専門的な相談や援助（カウンセリングやアセスメント），支援計画の立案やそのための体制の構築（プラニング）が必要になります。つまり，心理の専門であるスクールカウンセラーや福祉の専門であるスクールソーシャルワーカー（→用語解説163頁）とともに「チーム学校」としての連携も課題となります。

(3)　保護者や地域住民の理不尽なクレームへの対応

　教員にとって保護者との信頼関係は重要です。しかし，学級における指導について保護者とトラブルが起こることもあります。そして，なかには理不尽な要求や暴言を伴うものもあります[4]。

　困難な案件であったり，そのような兆しが見受けられたりすれば，複数職員による対応を基本とし，早期から管理職が関わるなど，つまり「チーム学校」としての対応が求められます。さらに度を超える不当な要望，暴言や暴力など，学校の許容範囲を超えるものについては教育委員会による体制構築が必要です[5]。

第4節　チーム学校とこれからの学校経営

1．多忙化解消と教員への支援の必要性

　前節で指摘したように今日の教育は，複雑な問題を背景に困難な課題も多く，教員だけでは立ちゆかない現状があります。そうした多くの課題は，今日，「チーム学校」の構築によって解決を図っているといえます。教員も責任感の強さから仕事を「丸抱え」する文化がありました。支援が得られにくいとかえって独力の方が「手っ取り早い」と考えてしまっても致し方ありません。いずれにしても教員の「万能論」と結びつき「何でもできる」教員を一種の美徳とさえとらえる向きもあったといえます。

　しかし教員の長時間労働の問題は限界に来ています。教員以外の

多様な職種の職員がともに働き，協力し，連携して教育活動や学校運営を行うことが必要な時代といえます。そのような新たな組織や学校の在り方として「チーム学校」が推進されています。

２．「チーム学校」における教員の業務と協力関係

　2015（平成27）年12月，中央教育審議会は「チームとしての学校の在り方と今後の改善方策について（答申）」（以下，チーム学校答申）をまとめました。そこでは「個々の教員が個別に教育活動に取り組むのではなく，校長のリーダーシップの下，学校のマネジメントを強化し，組織として教育活動に取り組む体制を創り上げるとともに，必要な指導体制を整備することが必要である」と指摘しています。

　つまり，教員が本務である授業や児童・生徒に対する直接的な生徒指導等の業務に集中できる体制にすべきであるという指摘です。また，答申では「生徒指導や特別支援教育等を充実していくために，学校や教員が心理や福祉等の専門家（専門スタッフ）や専門機関と連携・分担する体制を整備し，学校の機能を強化していくことが重要である」と指摘しました。そのうえで自らの専門性を活かして協力しながら業務を担っていく「チーム学校」が求められています。

教員の業務の分類（例）

(a)教員が行うことが期待されている本来的な業務

・学習指導，生徒指導，進路指導，学校行事，授業準備，教材研究，学年・学級経営，校務分掌や校内委員会等に係る事務，教務事務（学習評価等）

(b)教員に加え，専門スタッフ，地域人材等が連携・分担することで，より効果を上げることができる業務

・カウンセリング，部活動指導，外国語指導，教員以外の知見を入れることで学びが豊かになる教育（キャリア教育，体験活動など），地域との連携推進，保護者対応

(c)教員以外の職員が連携・分担することが効果的な業務

・事務業務，学校図書館業務，ＩＣＴ活用支援業務

(d)多様な経験等を有する地域人材等が担う業務

・指導補助業務

出典）中央教育審議会「チームとしての学校の在り方と今後の改善方策
について（答申）」（2015〈平成27〉年12月），24頁より引用

　教員が本来専念すべき業務に集中できるように体制を見直し，次に教員以外の専門スタッフや地域連携など対外的な業務を担当する教職員の参画を進めることが必要です。こうして教員の過重な負担を軽減します。なお，「チーム学校」の範囲は「校長の指揮監督の下，責任を持って教育活動に関わる者」，つまり学校の教職員であり，教育委員会等から派遣される職員や専門スタッフも含まれます。
　また「チーム学校答申」の趣旨を実現する職員配置に係る法令改正については，スクールカウンセラー（学校教育法施行規則65条の３），スクールソーシャルワーカー（同規則65条の４）および部活動指導員（中学校以上）（同規則78条の２）が位置づけられました。

おわりに─教員が力を発揮できる「チーム学校」へ─

　これまで述べてきたように「生きる力」の提言以降，学校は様々な制度の改革を進めながら自律的学校経営に取り組んできました。しかし，こうした制度の改革は，同時に教員の昔ながらの，働き方やがんばり方に支えられてきた側面が強かったといえます。「チーム学校」は組織だけでなく，個々の教員も支えようとしています。
　このように学校経営の新たな課題は，「チーム学校」づくりを推進しながら，より多様化する子どもの教育課題に応えるものといえます。しかし，同時に教員の仕事の「抱え込み」を改善する業務や

組織の見直しも必要といえます。つまり，教員には自身の専門性を高めながら，多様な職種の職員・スタッフとの連携・協力・支援の関係を構築することが期待されます。そして「チーム学校」を推進する学校経営には，教員一人ひとりがワークライフバランスの維持に持続的に取り組めるように「働き方改革」との接続が期待されているといえます。

〈註〉

＊1　必置教職員の規定については，小学校について定めた学校教育法 37 条が中学校，義務教育学校へ準用されます。高等学校については学校教育法60 条に規定されています。幼稚園の教職員については第 4 章を参照。

＊2　校長の資格要件は学校教育法施行規則 20 条において規定されています。他方，校長，さらに副校長および教頭，つまり学校管理職についてこれらの資格要件と「同等の資質」と認める者を任命し採用できます（学校教育法施行規則 22 条，23 条）。

＊3　朝日新聞社会部『学級崩壊』朝日新聞社（1999 年）。

＊4　嶋﨑政男『学校崩壊と理不尽クレーム』集英社（2008 年）。

＊5　大阪府教育委員会は弁護士やスクールソーシャルワーカーとともに指導主事等が「学校支援チーム」体制を構築し支援しています。

〈参考文献〉

・加藤崇英・臼井智美編著『教育の制度と学校のマネジメント』時事通信社（2018 年）

・加藤崇英編著『「チーム学校」まるわかりガイドブック』教育開発研究所（2016 年）

・嶋﨑政男『学校崩壊と理不尽クレーム』集英社（2008 年）

Question

Q1　学校評価はなぜ必要があると思いますか。教職員全員が関わるためにはどうしたらよいか考えてみましょう。

Q2　「チーム学校」を推進していくために，一人ひとりの教員にはどのような考え方や取組みが必要になるか考えてみましょう。

教員評価

　教員評価は，教員の資質能力の向上を目的として行われます。地方公務員である公立学校の教員については，2014（平成26）年5月，地方公務員法の一部改正によって，これまでの「勤務成績の評定」の制度が廃止され，新しい「人事評価」の制度となり，2016（平成28）年4月から施行されました（地方公務員法23条1項）。この制度による教員の人事評価を一般に「教員評価」の制度と呼び，各自治体において規則や条例が定められ，実施されています。

　まず，管理職とともに学校教育目標を踏まえた自己目標を設定します。そのうえで年間を通して教育活動や分掌業務に取り組みます。そして年度末に年間を通した自己評価を行います。管理職は授業の観察等をもとに指導・助言を行い，最終的に面談で評価結果が示されます。このように自己評価と指導・助言を経て，達成状況を確認し，次年度の課題を明らかにすることがねらいです。

表　年間を通した教員評価のプロセス

時期	段階	評価者との関係
4月	自己目標の設定	学校教育目標を踏まえ，自己目標を設定する。校務分掌上の役割，他の教職員との協力関係，学習指導力の向上など
5月	目標設定面談	評価者と面談し，自己目標を決定する。
5月以降	目標達成に向けた取組み	状況の変化により目標の変更が必要な場合は，評価者と面談の上，目標の追加・修正を行う。
10月	自己評価（中間）	目標達成に向けた取組みを振り返り，達成状況について，中間の自己評価を行う。
10月	達成状況確認面談 総合評価（中間）	評価者と面談を行い，目標達成状況についての中間的な評価を受けるとともに指導・助言を受ける。
2月	自己評価（最終）	目標達成に向けた取組みを振り返り，達成状況について自己評価を行う。
2〜3月	達成状況確認面談 総合評価（最終）	評価者と面談を行い，最終的な目標達成状況についての評価を受けるとともに次年度に向けた指導・助言を受ける。
3月		最終的に確定された教員評価の結果が教育委員会に提出される。

（各自治体事例を参考に筆者が作成）

第11章 学校と地域の連携

佐久間　邦友

はじめに

　学校が抱える課題は，複雑化・多様化しています。昨今のグローバル化，AI（人工知能）の進展によって予測困難な未来が訪れる可能性があります。そして，今日の学校教育における学習のみでは対応できない時代が来るかもしれません。そのような時代に対応するため，学校のみならず地域と連携・協働して，社会全体で子どもの育ちを支えていくことが求められています。

　平成29・30年改訂学習指導要領では，「よりよい学校教育を通じてよりよい社会を創る」という目標を学校と社会が共有し，社会と連携・協働しながら子どもたちに必要な資質・能力を育む「社会に開かれた教育課程」の実現を重視することが求められています。

　これを実現するためには，地域と学校が組織的・継続的に連携・協働していくことが重要です。そのための仕組みとして，学校運営協議会制度（コミュニティ・スクール）や地域学校協働活動があり，それらの一体的推進が重要となります。

第1節　「開かれた学校づくり」の展開・経緯

　「開かれた学校」という言葉が広く使われるようになったのは，1987（昭和62）年の臨時教育審議会（→用語解説190頁）第3次答申において，「開かれた学校」への転換を促進し，家庭・学校・地域が相互に連携・融合するようなシステムの必要性の提言を

受けたことに始まります。この提言の背景には，学校が社会に対して閉鎖的であったことが要因として挙げられます。しかしながら，1980年代当時，体育館など学校施設の開放が行われており，学校は常に社会に対して閉鎖的であったとはいえません。

　また1996（平成8）年の中央教育審議会答申（以下，中教審答申）「21世紀を展望した我が国の教育の在り方について（第1次答申）」以降，外部への公開・情報発信や，外部人材の活用，学校評価システムの導入など，学校の教育活動をより透明化，活性化するための制度整備が進められてきました。加えて1998（平成10）年の学習指導要領の改訂に伴い，2000（平成12）年度には「総合的な学習の時間」の導入があり，地域の教育資源を学校で活用する取組みも見られました[*1]。

　そして2006（平成18）年の教育基本法改正において「学校，家庭及び地域住民等の相互の連携協力」に関する条文が新設されたこともあり，2000年代以降，これまでの「学校運営参加」から「学校経営参画」への転換が図られ，学校運営・管理に保護者・地域住民などが参画する仕組み（学校評議員制度や学校運営協議会制度など）が創設されました。

第2節　学校と地域の連携を支える制度

1．学校評議員制度

　学校評議員制度とは，保護者や地域住民，その他の有識者を学校評議員に委嘱し，学校運営について意見を求める制度です。その主な目的は，学校・家庭・地域が連携協力しながら一体となって子どもの健やかな成長を担っていくため，地域に開かれた学校づくりをより一層推進することです。

　学校評議員は，当該学校の教職員ではない者で教育に関する理解，識見をもつ者のうちから，校長が推薦し，当該学校の設置者によっ

て委嘱され，校長の求めに応じ，学校運営に関し意見を述べることができます（学校教育法施行規則49条）。なお，学校評議員は必ず置かなければならないわけではありません。

　これ以前にも「開かれた学校づくり」の観点から，保護者をはじめとする幅広い地域住民等が，様々な形で学校運営に参画する取組みが行われてきました。しかし1998（平成10）年に出された中教審答申「今後の地方教育行政の在り方について」における提言を受け，2000（平成12）年に学校教育法施行規則が改正され，学校評議員制度が導入されました。

　そして制度導入によって，学校や地域の実情に応じ，学校運営に関し，保護者や地域住民の意向を把握・反映しながらその協力を得るとともに，学校としての説明責任を果たしていくことができるようになったのです。そのため，学校関係者評価（第10章を参照）と関連が深い制度ともいえるでしょう。文部科学省の調査によれば，2006（平成18）年8月には全公立学校のうち3万5,042校（82.3%）で学校評議員（類似制度を含む）が設置されていました。

　しかし学校運営において校長は，学校評議員の意見を参考にしつつ，自らの権限と責任において，学校運営についての判断，決定を行います。あくまで学校評議員は，校長の求めに応じて学校運営に意見を述べるものであり，どのような事項について意見を求めるかは校長の判断となります。

　もちろん校長や設置者は，学校評議員が一堂に会し意見交換をする機会を設けるなど運用上の工夫が求められます。しかしながら，会議の開催回数が多くの学校で年間1〜2回にとどまり，校長は学校評議員の意見に拘束されないため「意見を聞いただけ」という事例も見受けられ，期待された役割を十分に果たしていないとの指摘もあります。

　2015（平成27）年度に実施された文部科学省委託調査によれば，

後述する学校運営協議会を設置した学校のうち76.4％の学校が学校評議員等を廃止または停止したと回答しており，学校評議員設置校はやや減少しています（佐藤2019）。

２．学校運営協議会制度

　学校運営協議会制度（コミュニティ・スクール）は，学校と地域住民等が力を合わせて学校運営に取り組むことが可能となる「地域とともにある学校」への転換を図るために有効な仕組みであり，学校運営に地域の声を積極的に生かし，地域と一体となって特色ある学校づくりを進めていくことができます。

　学校運営協議会の主な役割（図11-1）は，①校長が作成する学校運営の基本方針を承認すること，②学校運営に関する意見を教育委員会または校長に述べることができること，③教職員の任用に関して，教育委員会規則に定める事項について，教育委員会に意見を述べることができることです（地方教育行政の組織及び運営に関する法律〈以下，地教行法〉47条の5）。

　学校運営協議会の委員は，地域住民や保護者，地域学校協働活動推進員*2など学校の運営に資する活動を行う者，その他教育委員会が必要と認める者のうちから教育委員会が任命します。また校長は，委員の任命に関する意見を教育委員会に申し出ることができます。

　現行の学校運営協議会制度（コミュニティ・スクール）導入のきっかけは，2000（平成12）年3月に内閣総理大臣の私的諮問機関として「教育改革国民会議」が設置されたことです。そして同年12月に発表された教育改革国民会議報告において「地域の信頼に応える学校づくり」や「新しいタイプの公立学校（コミュニティ・スクールなど）の設置促進」などが提言されました。

　さらに，2004（平成16）年の中教審答申「今後の学校の管理運営の在り方について」では，保護者や地域住民が一定の権限を持

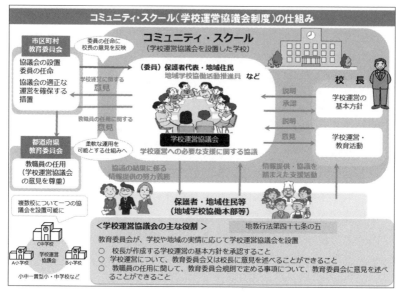

出典）文部科学省ＨＰ「学校と地域でつくる学びの未来」
https://manabi-mirai.mext.go.jp/torikumi/chiiki-gakko/cs.html
（最終アクセス日：2023〈令和5〉年10月4日）より引用

図11-1　コミュニティ・スクールの仕組み

って運営に参画する新しいタイプの公立学校（地域運営学校）と，
そのような学校の運営について協議を行う組織（学校運営協議会）
設置の必要性が提言されました。この答申を受けて，2004（平成
16）年6月に地教行法が一部改正され，同年9月から学校運営協
議会制度が導入されたのです。

　文部科学省の調査によれば，制度化された翌年の2005（平成
17）年4月1日時点でコミュニティ・スクールは17校，制度化
して5年目の2009（平成21）年4月1日時点では475校であり，
公立学校数に対して数があまり増加しませんでした。この背景には，
学校運営協議会が「教職員の任用に関して，教育委員会に意見を述
べることができる」といったような学校評議員よりも強い権限を有

していたため，何らかの警戒感を与えてしまった可能性や，当時は市町村教育委員会の判断だけでは学校運営協議会を設置できなかったことが考えられます[*3]。

　2015（平成 27）年 12 月に出された中教審答申「新しい時代の教育や地方創生の実現に向けた学校と地域の連携・協働の在り方と今後の推進方策について」を受け，地教行法が 2017（平成 29）年 4 月に改正されました。ここで特筆すべきことは，学校運営協議会の設置が「努力義務」となったこと，「教職員の任用に関しての意見」について自治体によって柔軟な運用を可能にしたことです。加えて，第 2 期，第 3 期教育振興基本計画で導入について触れられたこともあり，コミュニティ・スクールの数は，2022（令和 4）年 5 月 1 日現在で 1,164 市区町村と 37 都道府県，12 学校組合で 1 万 5,221 校まで増加しています[*4]。

　学校運営協議会の課題として，まず委員選出と開催時間が挙げられます。地域全体で子どもたちの学びや学習を支えていくためには，地域の様々な大人たちが委員となり議論することが重要です。例えば，子育て世代をはじめとする若い世代が委員になることは，家庭教育などで悩む方々の率直な意見を容易に学校に伝え，それを学校運営に反映させることができます。しかし，会議の開催時間が日中であれば，仕事を休む必要があり若い世代の人々は，委員を引き受けることをためらうかもしれません。逆に会議の開催時間を夜間にすることは参加しやすい環境を醸成しますが，教職員の多忙の原因にもなります。

3．学校支援地域本部から地域学校協働本部へ

(1)　学校支援地域本部事業

　学校支援地域本部事業とは，学校・家庭・地域が一体となって，地域ぐるみで子どもを育てる体制を整えることを目的に，文部科学省が 2008（平成 20）年度より 3 年間実施していた，地域住民が

ボランティアとして学校の教育活動をサポートする体制を整備する事業です。その体制は、学校支援の方向性を議論する「地域教育協議会」、学校とボランティアの連絡調整を行う「地域コーディネーター」、そして実際に子どもたちの学習や教職員の業務などをサポートする「学校支援ボランティア」から構成されます。

　学校支援地域本部の事業は、「学校のニーズに応じた支援」や「地域ぐるみ・社会総がかりでの取組み」などが挙げられます。2011（平成23）年度から学校支援地域本部事業は、「学校・家庭・地域の連携による教育支援活動促進事業」として引き継がれ、学校支援地域本部と放課後子ども教室、家庭教育支援等の教育支援活動を各地域の実情に応じて有機的に組み合わせることが可能となり、学校・家庭・地域の連携協力の強化を図ることができるようになりました。

　しかし学校支援地域本部事業には、「活動ごとにコーディネーターの資質に依存している」などの課題がありました。

(2)　**地域学校協働本部**

　地域学校協働活動とは、保護者をはじめNPO，民間企業等の幅広い地域住民等の参画を得て「学校を核とした地域づくり」を目指し、地域と学校が相互にパートナーとして連携・協働して行う活動です。例えば、学校の授業支援や登下校時の見守り、地域行事と学校行事の連携などが挙げられます。

　2017（平成29）年3月に社会教育法が改正され、市町村教育委員会は地域住民等と学校との連携協力体制を整備し、地域学校協働活動に関する普及啓発を行うものとすることが規定されました。その活動をコーディネートするために、学校支援地域本部を発展させた仕組みとして2017（平成29）年度より地域学校協働活動推進事業（現：地域と学校の連携・協働体制構築事業）が開始されました[*5]。

　地域学校協働本部とは，「従来の学校支援地域本部等の地域と学校の連携体制を基盤として，より多くのより幅広い層の地域住民，団体等が参画し，緩やかなネットワークを形成することにより，地域学校協働活動を推進する体制」と定義されています[*6]。

　具体的には，これまで個別に実施されていた連携活動の総合化・ネットワーク化を進め，コーディネート機能を充実させることによって，連携活動の多様化を図り，活動を継続的に取り組めるようにしようとする仕組みです。そのため，①コーディネート機能（地域住民等や学校関係者との連絡調整，活動の企画・調整を担う役割），②多様な活動（より多くの地域住民等の参画による多様な地域学校協働活動の実施），③継続的な活動（地域学校協働活動の継続的・安定的実施）という3要素が重要視されています。

　地域学校協働本部は，多様なメンバーで構成されており，教育委員会から委嘱を受けた地域学校協働活動推進員のコーディネートをもとに地域学校協働活動が行われていきます。

第3節　学校と地域の連携・協働の取組み事例

　学校と地域の連携・協働の取組み事例として，秋田県東成瀬村[*7]の小学校と中学校の取組みを紹介します。同村では，子どもたちが村内の様々な人々と触れ合いながら学習する機会を設けていることが特徴です。

　東成瀬小学校では，「ふるさと先生に学ぶ地域の伝統行事」という伝承学習が行われています。これは各学年の学習内容に合った村に古くから伝わるいくつかの伝統行事について，地域支援ボランティアの方々から伝統に関わる説話を聞いたり，体験活動を行ったりすることで，先人の暮らしをよくするための工夫や努力，思いや願いに触れる学習です。

　東成瀬中学校では，ふるさとを知り，ふるさとを愛する心を育て

る取組みとして，全校生徒を縦割りグループに分け，村内の自動車整備工場や温泉ホテル，調剤薬局などの村内の事業所などを訪問する職業体験（わが村体験学習）を行っています。この活動では，生徒が選択する事業所などを毎年変えるため，一人の生徒が３つの職業を体験します。

　このような活動の成果として，「自分自身も伝統行事を大切にしたいという思い」が育まれたことや「多様な価値観」を知ること，「仕事への強い使命感」を持つことができたこと，「村の魅力の発見や再認識」ができたことが挙げられます。しかしながら，小学校では，「体験活動の楽しさからねらいや活動の目的が薄れてしまうこと」，中学校では，「生徒数減少により村内全ての事業所に生徒を振り分けることができない」などの課題もあります。

　このほか小・中連携事業として中学校周辺と村道や国道沿いにキバナコスモスを植栽する活動を行っています。その活動では，植栽や雑草除去，種採取活動を地域と協力しながら実施しています。

　地域学校協働活動は，学校支援に加え，地域活動や家庭教育支援など学校と地域が連携・協働することによって高い成果が期待される幅広い活動です。

　しかし地域によって実施可能な活動の内容は異なります。また活動が「連携・協働」ではなく「学校支援」に偏りがちになります。そのためどのように「学校支援」から「連携・協働」へと活動を発展させるかがポイントです。また先進事例を真似するのではなく，地域の声を学校に取り入れ，活動を企画することが求められます。そのためには学校運営協議会制度の活用が求められます。

第４節 「地域とともにある学校」に向けて

　「地域とともにある学校」になるためには，地域と学校の連携・協働を効果的，継続的に続けていくことが大切です。そのため，地

域と学校が，子どもたちの学びの充実のために，PDCAサイクル
を活用しながら，学校運営協議会と地域学校協働活動の一体的な推
進によって，地域と学校の連携・協働を行うことが重要です。

　具体的に計画（Plan）では，学校運営協議会などを通じて，学
校や地域，子どもたちの状況など必要な情報や課題，地域と学校に
おける将来構想（ビジョン）などを共有します。そして，学校と地
域の協働による取組みや目標，それらを達成するための手段を検討
します。

　次に実行（Do）では，地域学校協働活動推進員等のコーディネ
ートの下，多くの地域住民の参画による地域学校協働活動を実施し
ます。例えば，学校の授業補助やふるさと学習，キャリア教育支援
をはじめ，放課後子供教室や地域未来塾（→用語解説139頁），登
下校の見守りなどの多様な活動が考えられます。

　そして，評価（Check）することも大切です。特に学校運営協
議会が学校評価の機能を持つことによって，学校の教育活動全般に
対する評価に加えて，地域学校協働活動に関する評価も効果的に実
施できます。地域学校協働活動は教育課程評価にも関連しています。
そのため個々の評価を切り離さず，一体的に行うことが重要です。

　最後に，評価結果を踏まえ改善（Action）します。次年度に向
けた目的や目標を見直し，活動内容を工夫・修正することが想定さ
れます。また，新たな課題への対応策など，学校運営協議会で協議
し，学校の教育活動や地域学校協働活動の改善を行います。

　このようなPDCAサイクルを通して，地域と学校が組織的・継
続的に連携・協働していき，社会全体で子どもの育ちを支えるかた
ちが構築されます。

〈註〉
＊１　例えば，地域の歴史などをゲストスピーカーとして話してもらう人的資

源の活用や文化財，自然等の地域資源の活用があります。

＊2　地域学校協働活動におけるコーディネーター的な役割で，具体的には，活動の企画・運営や学校運営協議会をはじめとする地域と学校との連絡調整を担う人材です。

＊3　2017（平成29）年の地教行法改正によって「教育委員会規則で定める事項について」教育委員会に意見を述べることができるとされ，現在では学校運営協議会による職員の採用その他の任用に関する意見の権限を柔軟に運用できるようになっています。

＊4　文部科学省「令和4年度コミュニティ・スクール及び地域学校協働活動実施状況について」より。

＊5　文部科学省による社会教育事業（国庫補助事業）として市町村が実施主体になり，その費用を国・都道府県・市町村それぞれが1／3ずつ負担します。

＊6　文部科学省「地域学校協働活動の推進に向けたガイドライン―参考の手引」（2017〈平成29〉年）より。

＊7　2023（令和5）年6月時点において，東成瀬村にある小・中学校には学校運営協議会は設置されていません。

〈参考文献〉
・佐藤晴雄『コミュニティ・スクール増補改訂版―「地域とともにある学校づくり」の実現のために』エイデル研究所（2019年）
・潮田邦夫・中野綾香編著『地域×学校×退職者×大学生×…＝∞―地域学校協働活動参加のすすめ』学事出版（2018年）
・高橋興『学校支援地域本部をつくる―学校と地域による新たな協働関係』ぎょうせい（2011年）

Question

Q1　地域と学校が組織的・継続的に連携・協働していくために必要なことはどのようなことでしょうか？理由も考えてみましょう。

Q2　あなたの身近で行われている地域学校協働活動にはどのようなものがありますか？その特徴をあげてみましょう。

用語解説

地域未来塾

　地域未来塾とは，経済的な理由や家庭の状況などによって学習に不安を抱えている，学習が遅れがちな小学生や中学生等を対象に，放課後や土曜日，夏・冬休み等に，学校の空き教室や図書室，公民館等において地域住民等の協力により実施する原則無料の学習支援事業です。

　この事業は，貧困等の理由により通塾困難な児童・生徒に補習を行うことにより，学習が遅れがちな子ども対して学習習慣の確立と基礎学力の定着，高等学校等進学率の改善や学力向上を図り，学習機会の提供による貧困の負の連鎖を断ち切ること（貧困格差の解消）が目的です。そのため，家庭の経済状況等にかかわらず，全ての児童・生徒が参加可能です。文部科学省の社会教育事業として施されており，地域学校協働活動の一環として学習支援員等への謝金や消耗品費等の補助があります。

　学習内容は実施する自治体によって異なり，学校の予習・復習をはじめ補充学習，学習アプリ等を活用した学習，英語学習，検定試験対策，定期考査前の集中プログラム，加えて大学生等による進路相談なども実施されています。また，一部の自治体では，外国籍児童・生徒を対象にした取組みも見られ，地域のニーズに応じた学習支援が実施されています。

　学習指導を行うのは，教員を志望する大学生や退職した教員など地域住民の方々ですが，NPO法人，学習塾など学習コンテンツ・サービスの提供者等が，地域にある1つの団体として学習指導を担っている例もあります。

　事業開始は2015（平成27）年度からですが，先に独自の学習支援事業を行っていた自治体もあり，地域未来塾は，地方独自の事業が国家事業に転換された例といってよいでしょう。「働き方改革実行計画」（平成29年3月28日働き方改革実現会議決定）では，2019（令和元）年度までに，地域未来塾を全国5,000中学校区に広げるという目標を掲げています（2018〈平成30〉年11月現在，約3,000ヵ所）。

第12章 生徒指導上の諸課題に関わる法制度

小野　まどか

はじめに

　この章では，児童への指導上の諸課題に関わる法制度として，小学生の問題行動を中心に，それらに対処する上での法制度がどのように整備されているのかを取り上げていきます。そもそも，子どもの「問題行動」とはどのような行動を指すのでしょうか。次節以降では，「問題行動」とは何か（第1節），また，いじめ（第2節）や暴力行為（第3節）はどのような状況になっているか，問題行動に対してどのような対処が行われているのか（第4節）を説明していきます。

第1節　問題行動とは

　小学生の頃を思い出してみると，友達同士のケンカやいじめ等の様々なトラブルがあったと思います。また，トラブルの中には深刻なケースになると家出や自殺等もあります。しかし，これらのトラブルのうち全てが「問題行動」ととらえられるわけではありません。
　また，子どものある行動が社会的に問題行動だとされていた時代もあれば，理解が進み問題行動とされなくなった事例もあります。例として，学校の校則を挙げてみましょう。皆さんは校則を守って学校に通っていましたか。校則を守らない子どもがいれば教員はその子の行為は問題だとして注意するでしょう。しかし，その校則があまりにも厳しいものだったり，社会生活上考えにくいようなもの

だったりした場合はどうでしょうか。その校則を守ること自体に子どもたちが反発するかもしれません。大半の子どもたちが反対すれば校則を見直すことにつながり，校則を守らなかった子どもたちの行動は問題行動ではなかったのだと，認識が変わることになります。

　このように，社会状況が変化するにつれて問題行動と判断されなくなる事例は，第6章で取り上げている不登校にも共通することです。子どもたちの行動の中で，どんなことが「問題行動」にあたるのかは，その時の社会状況や学校が求める規範によって異なってくるといえます。何が問題行動なのか明確には定められていないということを踏まえた上で，次節では，文部科学省（以下，文科省）が現在問題行動であると判断し調査している，いじめと暴力行為を取り上げていきます。

第2節　いじめ

1．いじめとは

　いじめとはどのような状況のことをいうのでしょうか。被害者も加害者もいじめであると認めないことがあり，どのような状況をいじめと認定するのか難しいことがあります。

　2013（平成25）年に施行されたいじめ防止対策推進法では，いじめを「児童等に対して，当該児童等が在籍する学校に在籍している等当該児童等と一定の人的関係にある他の児童等が行う心理的又は物理的な影響を与える行為（インターネットを通じて行われるものを含む。）であって，当該行為の対象となった児童等が心身の苦痛を感じているもの」であると定義しています（2条1項）。この定義に基づいて，子ども同士で起きているやり取りが「いじめ」になっていないか，表面的に断定するのではなく，いじめられた側の立場に立ってつぶさに把握していくことが必要となります。

　加えて，同法28条1項では，いじめの中でも，(1)「いじめによ

り当該学校に在籍する児童等の生命，心身又は財産に重大な被害が生じた疑いがあると認めるとき」，(2)「いじめにより当該学校に在籍する児童等が相当の期間学校を欠席することを余儀なくされている疑いがあると認めるとき」に該当する場合を「重大事態」とし，学校やその学校の設置者が早急に対処しなければならないことが定められました。

2．いじめの認知（発生）件数

　それでは，現在，どのぐらいのいじめが起きているのでしょうか。図12−1は文科省によって実施されている「令和4年度　児童生徒の問題行動・不登校等生徒指導上の諸課題に関する調査結果について」（以下，令和4年度調査）から，いじめの認知（発生）件数の推移を示したものです。2022（令和4）年度の小学校でのいじめは55万1,944件（中学校11万1,404件，高校1万5,568件）ですが，このうち「重大事態」の件数は390件でした（中学校374件，高校156件）*1。どの学校段階においてもいじめは増加傾向にありますが，特に小学校で急激に増えていることがグラフを見てわかります。

3．いじめ防止対策推進法とは

　ここで紹介した，いじめ防止対策推進法は，いじめ対策のために

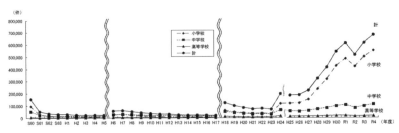

出典）文部科学省「令和4年度　児童生徒の問題行動・不登校等生徒指導上の諸課題に関する調査結果について」より引用

図12−1　いじめの認知（発生）件数の推移

初めて法制化されたものです。

　いじめ防止対策推進法が制定されたきっかけは，2011（平成23）年に起きた大津市いじめ自殺事件です。この事件は大きく報道され，いじめに対する学校や教員，教育委員会の対応が問題視されました。これを受けて，2013（平成25）年2月の教育再生実行会議の第1次提言では，いじめ対策のための基本理念や体制を整備するための法律の制定が提言され，同年6月21日にこの法律が制定されました（同年9月28日施行）。同法は，文部科学大臣，地方公共団体，学校のそれぞれに対し，いじめの防止等（いじめの防止，早期発見，いじめへの対処）のための対策について，基本方針を定める義務や努力義務を課すなど（→用語解説193頁），いじめ問題を社会全体で取り組むべき課題としています。

　いじめが起きた際にどのような対策を取るべきかについて，23条には次のように示されています。

いじめ防止対策推進法

第23条　学校の教職員，地方公共団体の職員その他の児童等からの相談に応じる者及び児童等の保護者は，児童等からいじめに係る相談を受けた場合において，いじめの事実があると思われるときは，いじめを受けたと思われる児童等が在籍する学校への通報その他の適切な措置をとるものとする。

2　学校は，前項の規定による通報を受けたときその他当該学校に在籍する児童等がいじめを受けていると思われるときは，速やかに，当該児童等に係るいじめの事実の有無の確認を行うための措置を講ずるとともに，その結果を当該学校の設置者に報告するものとする。

3　学校は，前項の規定による事実の確認によりいじめがあったことが確認された場合には，いじめをやめさせ，及びその再発を防止するため，当該学校の複数の教職員によって，心理，福祉等に

関する専門的な知識を有する者の協力を得つつ，いじめを受けた
児童等又はその保護者に対する支援及びいじめを行った児童等に
対する指導又はその保護者に対する助言を継続的に行うものとす
る。

4・5 〔略〕

6 学校は，いじめが犯罪行為として取り扱われるべきものである
と認めるときは所轄警察署と連携してこれに対処するものとし，
当該学校に在籍する児童等の生命，身体又は財産に重大な被害が
生じるおそれがあるときは直ちに所轄警察署に通報し，適切に，
援助を求めなければならない。

上に示した23条では，いじめの相談を受けた者が学校へ通報す
ることや，いじめがあったことが確認された場合の対応（いじめを
受けた児童等またはその保護者に対する支援，いじめを行った児童
等に対する指導，いじめを行った児童等の保護者に対する助言，警
察との連携等）等が示されています。

この他，同法は，学校にいじめの防止・早期発見・対処のための
組織（学校いじめ対策組織）の設置を義務づけたり（22条），学
校と設置者に，いじめの防止のために全ての教育活動を通じた道徳
教育・体験活動等の充実を求めたり（15条1項），いじめの早期
発見のために児童等に対する定期的な調査等の必要な措置を求めた
りしています（16条1項）。また，いじめた側の子どもに対する
懲戒や出席停止措置を適切に行うことも示されました（25条，26
条）。

第3節 暴力行為

1．暴力行為とは

子どもの問題行動というと，暴力行為がイメージとして浮かびや
すいかもしれません。令和4年度調査において，文科省では暴力行

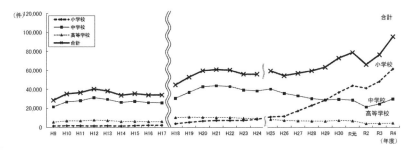

出典）文部科学省「令和4年度　児童生徒の問題行動・不登校等生徒指導上の諸課題に関する調査結果について」より引用

図12‒2　学校の管理下・管理下以外における
暴力行為発生件数の推移

為を「自校の児童生徒が，故意に有形力（目に見える物理的な力）を加える行為」として調査しています。また，この調査では暴力行為によるけがの有無等は問いません。例えば，教師に対して，あるいは子ども同士で殴る蹴る等だけでなく，学校内外の物を壊すことも含まれます。

２．暴力行為の件数

令和4年度調査によれば，暴力行為の件数は小学校では6万1,455件（中学校2万9,699件，高校4,272件）でした（図12‒2）。また，小学校での暴力行為の内訳は，対教師暴力が9,021件（中学校2,702件，高校250件），生徒間暴力が4万5,428件（中学校2万1,364件，高校2,788件），対人暴力が524件（中学校477件，高校177件），器物損壊が6,482件（中学校5,156件，高校1,057件）となっており，子ども同士の暴力が最も多くなっていました。

小学校では暴力行為の発生件数も急激に増加しており，2018（平成30）年度には中学校の暴力行為よりも多くなりました。

第4節　懲戒や出席停止

1．問題行動が起きてしまったら

　いじめや暴力行為の他にも様々な形で問題行動が表れることがあります。もちろん，未然に防ぐことができるように対策を行う必要がありますが，それでも心の問題や環境等の影響によって子どもが問題行動を起こしてしまうことがあります。

　そのようなとき，文科省が学校・教員向けに生徒指導の基本書として作成した『生徒指導提要（改訂版）』では，次のように対応する必要性を示しています。まず，問題行動の「未然防止と早期発見・早期対応の取組が重要である」こと，そして，問題行動の一つである暴力行為に対して「十分な教育的配慮の下で，出席停止や懲戒など，毅然とした対応を行うこと」です。また，具体的な対策として，生徒指導の充実と出席停止制度の活用について紹介しています（『生徒指導提要（改訂版）』142－143頁）。以下では，懲戒や出席停止について解説していきます。

2．懲戒とは

　懲戒と聞くと，処罰等の厳しいイメージが湧くかもしれません。懲戒には様々なものが含まれていますが，大きく分けて⑴事実行為としての懲戒と，⑵法的効果を伴う懲戒の2種類があります。

⑴　事実行為としての懲戒

　学校内で子どもによる暴力行為が起きたり，問題のある行動をとった際に，教員は叱責をしたり，授業後に教室に残し指導を行ったりすることがあると思います。これらは子どもへの指導の一環であり，「事実行為としての懲戒」と呼ばれ，学校教育法11条で認められています。ここでいう懲戒とは，学校教育法施行規則26条2項で定められている退学，停学，訓告以外の懲戒を指します。

　例えば，文科省では，「通常，懲戒権の範囲内と判断されると考

えられる行為」（ただし肉体的苦痛を伴わないもの）として，「放課後等に教室に残留させる」，「授業中，教室内に起立させる」，「学習課題や清掃活動を課す」等を挙げています（「体罰の禁止及び児童生徒理解に基づく指導の徹底について（通知）」（平成25年3月13日付24文科初第1269号）別紙「学校教育法第11条に規定する児童生徒の懲戒・体罰等に関する参考事例」。以下，平成25年通知）。

⑵　**法的効果を伴う懲戒**

　一方で，法的効果を伴う懲戒とは，学校教育法施行規則26条で認められている退学，停学，訓告のことを指します。同条には次のように定められています。

学校教育法施行規則

第26条　校長及び教員が児童等に懲戒を加えるに当つては，児童等の心身の発達に応ずる等教育上必要な配慮をしなければならない。

②　懲戒のうち，退学，停学及び訓告の処分は，校長（大学にあつては，学長の委任を受けた学部長を含む。）が行う。

③　前項の退学は，市町村立の小学校，中学校（学校教育法第71条の規定により高等学校における教育と一貫した教育を施すもの（以下「併設型中学校」という。）を除く。）若しくは義務教育学校又は公立の特別支援学校に在学する学齢児童又は学齢生徒を除き，次の各号のいずれかに該当する児童等に対して行うことができる。

（1）性行不良で改善の見込がないと認められる者

（2）学力劣等で成業の見込がないと認められる者

（3）正当の理由がなくて出席常でない者

（4）学校の秩序を乱し，その他学生又は生徒としての本分に反した者

---

④　第2項の停学は，学齢児童又は学齢生徒に対しては，行うことができない。

　法的効果を伴う懲戒の中でも退学は，26条3項の(1)～(4)の性行不良等の児童・生徒に対して行うことができます。ただし，市町村立の小・中学校（併設型中学校を除く），義務教育学校と公立の特別支援学校の学齢児童・学齢生徒は除外されます。また，公立・私立を問わず，学齢児童・学齢生徒に対しては停学を行うことができません（26条4項）。そこで，これら児童・生徒がいじめや暴力行為を行った場合には，懲戒とは異なる措置として，性行不良による出席停止が講じられることがあります。

3．性行不良による出席停止

　出席停止は，感染症予防の観点から行われる場合（学校保健安全法19条，→用語解説151頁）と，他の子どもの教育を受ける権利を保障する観点から行われる場合（学校教育法35条）とがあります。ここでは，後者の他の子どもの教育を受ける権利を保障する観点から行われる出席停止（性行不良による出席停止）について取り上げていきます。学校教育法35条1項では次のように定められています。

学校教育法

第35条　市町村の教育委員会は，次に掲げる行為の一又は二以上を繰り返し行う等性行不良であつて他の児童の教育に妨げがあると認める児童があるときは，その保護者に対して，児童の出席停止を命ずることができる。

（1）他の児童に傷害，心身の苦痛又は財産上の損失を与える行為

（2）職員に傷害又は心身の苦痛を与える行為

（3）施設又は設備を損壊する行為

（4）授業その他の教育活動の実施を妨げる行為

　(1)～(4)に示されているように，いじめや暴力行為などを繰り返し，

他の子どもの安全がおびやかされるなど，他の子どもの教育に妨げがある状況を改善するために，市町村の教育委員会は保護者に対して出席停止を命ずることができます。

　ただし，実際に出席停止措置に至るケースは少なく，令和4年度調査では小学校で出席停止になったのは1件でした[*2]。いじめ防止対策推進法26条では，いじめた子どもに対する出席停止制度の適切な運用が示されていますが，実際に出席停止措置を講ずることはほとんど無いことがわかります。すでに取り上げた通り，近年小学校ではいじめや暴力行為が増加傾向にあります。しかし，このように出席停止措置が実際に講じられないことを考えると，出席停止にいじめ防止等の効果があるのか疑問が残ります。

4．体罰とは

　体罰について取り上げるニュースが後を絶ちません。そもそも，学校教育法11条では「体罰を加えることはできない」として，校長・教員による子どもへの体罰を禁止しています。しかし，実際にはどこまでが事実行為としての懲戒なのか，どこからが体罰なのか，その区別は難しいことがあります。

　そこで，文科省では，前出の平成25年通知にて，体罰に該当するものとして，「身体に対する侵害を内容とするもの」と「被罰者に肉体的苦痛を与えるようなもの」の2つを挙げ，それぞれ例示しています（反抗的な子どもに平手打ちをする，長時間教室に残しトイレへ行かせない等）。加えて，上記通知の中では，懲戒と体罰の区別について，「教員等が児童生徒に対して行った懲戒行為が体罰に当たるかどうかは，当該児童生徒の年齢，健康，心身の発達状況，当該行為が行われた場所的及び時間的環境，懲戒の態様等の諸条件を総合的に考え，個々の事案ごとに判断する必要がある。この際，単に，懲戒行為をした教員等や，懲戒行為を受けた児童生徒・保護者の主観のみにより判断するのではなく，諸条件を客観的に考慮し

て判断すべきである」ことにも言及しています。

　状況によっては，スクールロイヤー等の専門家の協力を得ながら，教員のある行為が体罰に当たるかどうか，一面的に判断するのではなく，情報を集め客観的に判断していくことが必要となります。

〈註〉
＊１　なお，2021（令和３）年度の小学校でのいじめの認知件数は50万562件（中学校９万7,937件，高校１万4,157件），このうち「重大事態」は315件（中学校276件，高校112件）でした。
＊２　なお，2021（令和３）年度の小学校での出席停止の件数は１件，2020（令和２）年度は０件でした。

〈参考文献〉
・坂田仰・山田知代『学校を取り巻く法規・制度の最新動向』教育開発研究所（2016年）
・菱村幸彦編『いじめ・体罰防止の新規準と学校の対応―いじめ防止対策推進法・体罰防止の新規準に基づく学校づくり』教育開発研究所（2013年）
・文部科学省『生徒指導提要（改訂版）』（2022年）

Question

Q1　子どものどのような行動が問題行動だと思いますか？教員の立場に立って，問題だと思う行動を挙げてみましょう。

Q2　体罰と事実行為としての懲戒（叱責等）は何が違うのでしょうか？運動会に向けて競技練習をさせている場面を想像して考えてみましょう。

用語解説

感染症予防としての出席停止

　インフルエンザや新型コロナウイルスなどの感染症対策として，学校保健安全法19条では，「校長は，感染症にかかつており，かかつている疑いがあり，又はかかるおそれのある児童生徒等があるときは，政令で定めるところにより，出席を停止させることができる」として出席停止措置が認められています。また，学校の設置者による臨時休業（いわゆる学級閉鎖や学校閉鎖）も同法20条において認められています。これらの措置により，感染症拡大を防ぎ，予防することも学校の役割の一つです。

　学校保健安全法施行規則18条には，学校が予防すべき感染症として第1種（エボラ出血熱や痘そう（天然痘）等），第2種（インフルエンザや麻しん，風しん等），第3種（腸チフス等）が挙げられています。この他，「感染症の予防及び感染症の患者に対する医療に関する法律」6条7項～9項に示されている感染症も第1種の感染症とみなされます。

　上記の感染症に子どもがかかった場合には，単なる風邪とは異なり学校内でのまん延を引き起こす可能性があるため，予防・防止対策を行わなければなりません。そのため，学校保健安全法施行規則21条1項には「校長は，学校内において，感染症にかかつており，又はかかつている疑いがある児童生徒等を発見した場合において，必要と認めるときは，学校医に診断させ，法第19条の規定による出席停止の指示をするほか，消毒その他適当な処置をするものとする」ことが定められています。感染症にかかった子ども，あるいはかかっている疑いのある子どもを出席停止とすることで，他の子どもたちに感染が拡がることを防ぎます。

　なお，感染症の種類によって出席停止期間の基準は異なっており，同施行規則19条にその基準が示されています。例えば，インフルエンザの場合は発症後5日，かつ，解熱後2日（幼児の場合は3日）が経過するまでが基準となっています。

藤村　晃成

第13章　教育行政と福祉行政の連携

はじめに

　近年，子どもや家庭が抱える困難の背景は多様化・複雑化しています。そのため，保育所・学校の「福祉的機能」がより注目されるとともに，保育者・教員には，福祉の視点を持った関わりが求められるようになっています。具体的には，教育行政だけではなく福祉行政に関する支援制度をきちんと理解するとともに，関係機関と連携した包括的な支援の在り方を考えることが重要です。

　そこで本章では，教育行政と福祉行政が連携した支援の在り方について，児童虐待（第1節），子どもの貧困（第2節），外国につながる子どもの教育（第3節）の3つのテーマから学んでいきます。

第1節　児童虐待

1．「児童虐待」とは何か

　児童虐待は，子どもの心身の成長および人格の形成に重大な影響を与えるものであり，子どもに対する最も重大な権利侵害です。2021（令和3）年度の全国の児童相談所（→用語解説194頁）における児童虐待相談対応件数は20万7,660件に達し，過去最高を更新し続けています[*1]。児童虐待の背景には，子どもや親を取り巻く状況や家庭の文化など様々な要因が複雑に関係しており，特定の家庭だけでなくどの家庭にでも起こり得る問題だといえます。

　「児童虐待の防止等に関する法律」（以下，児童虐待防止法）では,

表 13 - 1　児童虐待の 4 類型

類　型	児童虐待防止法の定義	具体的な行為の例
身体的虐待	児童の身体に外傷が生じ，又は生じるおそれのある暴行を加えること	殴る，蹴る，叩く，投げ落とす，激しく揺さぶる，やけどを負わせる，溺れさせる
性的虐待	児童にわいせつな行為をすること又は児童をしてわいせつな行為をさせること	子どもへの性的行為，性的行為を見せる，ポルノグラフィの被写体にする
ネグレクト（養育の放棄・怠慢）	児童の心身の正常な発達を妨げるような著しい減食又は長時間の放置，保護者以外の同居人による身体的虐待・性的虐待・心理的虐待と同様の行為の放置その他の保護者としての監護を著しく怠ること	家に閉じ込める，食事を与えない，ひどく不潔にする，自動車の中に放置する，重い病気になっても病院につれて行かない
心理的虐待	児童に対する著しい暴言又は著しく拒絶的な対応，児童が同居する家庭における配偶者に対する暴力その他の児童に著しい心理的外傷を与える言動を行うこと	言葉による脅し，無視，きょうだい間での差別的扱い，子どもの目の前で家族に対して暴力をふるう（DV）

児童虐待の定義や防止等に関する措置に関する内容が明記されています。児童虐待の定義は，18 歳未満の「児童」に対して，現に監護をするもの（「保護者」）がする虐待と定められています（2 条）。また，具体的な虐待行為として「身体的虐待」「性的虐待」「ネグレクト」「心理的虐待」の 4 つに分類されています（表 13 - 1）。

　個別事例における虐待の判断は，上記の定義に基づいて行われますが，子どもや保護者の状況，生活環境等から総合的に判断していく必要があります。その際に最も重要となるのは，子どもの「権利擁護」の視点から判断することです。虐待を行った保護者から「"しつけ"のためにやった」と語られることがあります。しかし，児童虐待にあたる行為は，家庭内における「しつけ」などの理由として正当化することはできず，親権者による体罰その他の子どもの心身の健全な発達に有害な影響を及ぼす言動は明確に禁止されています（民法 821 条）。

　2016（平成 28）年の改正では，「しつけ」を名目とした児童虐待が禁止されました。さらに，2019（令和元）年の改正により，親権者等による体罰の禁止も加えて明示されています（14 条 1 項）。

つまり，児童虐待について考える際には，虐待を行う者の教育的な意図に関わらず，子どもの視点から虐待を判断していくことが大切であるといえるでしょう。

２．保育所・学校等に求められる役割

　学校や保育所・幼稚園は子どもが１日の大半を過ごす場所であり，保育者・教員は日常的な観察から子どもの変化に気づきやすい立場にあります。そのため，虐待を受けている可能性のある子どもをいち早く発見し虐待から守ることができます。とくに重要な役割として，「早期発見」「通告」「教育・啓発」が求められています。

(1)　早期発見努力義務

　児童虐待防止法では，学校や児童福祉施設など子どもの福祉に職務上関係のある団体・個人に対して，虐待の早期発見に努める義務が課せられています（5条1項）。虐待を受けている子どもは様々な形でSOSのサインを発信しています。重要なのは，日常生活の中での子どもの不自然な様子からSOSのサインを読み取ることです。例えば，おなか・背中・耳など普通に転んだだけでは怪我をしにくい場所の外傷が多かったり汚れた衣服をいつも着ていたりする場合は虐待が疑われます。また，身体接触に対して過度に反応したり家族の話をしたがらなかったりするような場合にも注意が必要です。

　2019（平成31）年1月の千葉県野田市の虐待事件において，教育委員会が児童の書いたアンケートの写しを父親に渡していたという問題が指摘されました。これを踏まえて2019（令和元）年の改正では，学校や教育委員会は正当な理由なく職務に関して知り得た児童虐待を受けたと思われる児童に関する秘密を漏らしてはならない，という守秘義務に関する事項が新設されました（5条3項）。たとえ当事者の保護者であっても児童の安全や人権を守る観点から情報を漏らしてはいけません。児童相談所（→用語解説194頁）等と綿密に連絡しながら対応することが重要です。

(2)　**通告義務**

　児童虐待防止法では，保育者・学校に限らず国民には，児童虐待を受けたと思われる児童について，速やかに市町村や児童相談所等へ通告することが義務づけられています（6条1項）。ポイントは，対象となる子どもは「児童虐待を受けたと思われる児童」であり，通告義務があるのは「児童虐待の疑いがあると思った者」と示されている点です。つまり，虐待があったと確証を得ることまでが要求されているわけではないのです。虐待の有無を実際に判断するのは児童相談所等の専門機関になります。そのため，保育所・学校等で通告を判断する際に，虐待の確証がないことや保護者との関係悪化等を懸念して通告をためらう必要はありません。児童虐待防止法でも，通告することは守秘義務違反には当たらないと定められています（6条3項）。なによりも，子どもの安全を最優先とした早急な対応が求められているといえるでしょう。

(3)　**教育・啓発努力義務**

　児童虐待を事前に防止することも重要です。子どもや保護者が早い段階からSOSを出すことができれば，児童虐待の未然防止や早期発見・対応につなげられるはずです。そのため，学校および児童福祉施設は，児童および保護者に対して児童虐待の防止のための教育または啓発に努めなければなりません（5条5項）。具体的には，虐待をめぐる問題も含め，子ども・保護者が悩みや不安をいつでも容易に相談できる体制づくりや情報提供等が求められています。

3．関係機関との連携

　児童虐待の早期発見・対応には関係機関との連携による切れ目のない支援が欠かせません。虐待が疑われる家庭への直接的な介入や，虐待を受けた子ども・虐待を行う保護者に対する福祉的な支援を保育所・学校が単独で行うことは難しく，児童相談所や児童福祉施設などと相互に連携しながら多面的に対応することが求められます。

スクールソーシャルワーカー（→用語解説163頁）といった学校外の人材活用も，連携を円滑に進めていくために重要です。

　代表的な連携の取組みとして「要保護児童対策地域協議会」があります。要保護児童対策地域協議会とは，保護者のない子どもまたは保護者に監護させる上で支援が必要と考えられる子ども（要保護児童）に関する情報や考え方を関係機関で共有し，要保護児童の早期発見や適切な保護を図るための地域ネットワークです。2004（平成16）年の児童福祉法改正で，設置の努力義務が定められ（25条の2），ほとんどの地方公共団体に設置されています。構成員は市町村児童福祉担当部局のほか，児童相談所，保健所，医療機関，教育委員会，学校，保育所，警察，弁護士などであり，それぞれの専門性を生かした多面的な協議が行われるのが特徴です。

　また，児童福祉法では，協議会を構成する関係機関等に対し守秘義務を課すとともに（25条の5），要保護児童等に関する情報の交換や支援内容の協議を行うための資料やネットワーク内の情報提供の協力を求めることができるとしています（25条の3）。これにより，個人情報の提供に躊躇があった関係者からの積極的な情報提供が図られ，要保護児童の適切な保護につながることが期待されています。とくに学校関係者からもたらされる子どもや保護者にまつわる情報は，その他の構成員にとって重要な情報となっています。

第2節　子どもの貧困

1.「子どもの貧困」とは何か

　子どもの貧困とは，子どもが経済的困窮の状態によって様々な機会が奪われた結果，成長・発達のプロセスに重大な影響を及ぼしてしまうことをいいます。貧困には，生きる上で最低限の生存条件を欠く状態である「絶対的貧困」と，居住する国や地域の生活水準に対して適正な水準での生活を送ることが困難な状態である「相対的

貧困」という 2 つのとらえ方があります。日本における子どもの貧困は「相対的貧困」のことを指しています。2021（令和 3）年における子ども（17 歳以下）の貧困率は 11.5％となっており*2，日本の子どもの約 8 人に 1 人，40 人の学級で考えると約 4 〜 5 人が貧困世帯で暮らしていることになります。また，ひとり親世帯の貧困率は 44.5％と深刻な状態であることも明らかになっています。

　相対的貧困の状態にある子どもが抱えている困難は，経済的な側面にとどまらず，社会とのつながりの喪失や自己肯定感の低下にも結びついています。様々な経験や教育機会が制限された結果，次の世代の子どもの家庭が再び貧困に陥ってしまう「貧困の世代間再生産」の可能性も高くなります。貧困の状態にある子どもの「現在」の苦しさを取り除き，貧困の連鎖を断ち切るためには，教育と福祉の連携による包括的な支援体制の構築が求められています。

2．子どもの貧困対策の基本的方針

　子どもの貧困に対する支援に関する基本的方針を見てみましょう。子どもの貧困への対応は，2013（平成 25）年 6 月に成立した「子どもの貧困対策の推進に関する法律」（以下，子どもの貧困対策法）をもとに行われています。2019（令和元）年の改正では，子どもの「将来」だけではなく「現在」に向けた子どもの貧困対策を推進するという目的の充実が図られました。また，子どもの最善の利益が優先考慮されること（2 条 1 項）や，貧困の背景に様々な社会的要因があること（2 条 3 項）が明記されるなど，基本理念の充実もなされています。同法により，国および地方公共団体は，教育の機会均等が図られるよう，貧困の状況にある子どもの教育に関する支援のために必要な施策を講じることを求められています（10 条）。

　さらに，子どもの貧困対策法に基づき「子供の貧困対策に関する大綱〜日本の将来を担う子供たちを誰一人取り残すことがない社会に向けて〜」（2019（令和元）年 11 月 29 日閣議決定）が定めら

れています。学校は地域に開かれた子どもの貧困対策の「プラットフォーム」として位置づけられています。具体的には，スクールソーシャルワーカー（→用語解説163頁）が機能する体制づくりを進めるとともに，地域において支援に携わる人材やNPO等民間団体等が中核となって放課後児童クラブや地域福祉との様々な連携を生み出すことで，苦しい状況にある子どもたちを早期に把握し，支援につなげる体制を強化することが示されています。子どもの貧困について，貧困の問題が表面化しづらいという課題がしばしば指摘されています。そのため，学校は日常的に関わる子どものSOSのサインを読み取り，セーフティネットとしての役割を担うことが重要になります。また，子ども食堂や学校外の居場所といった地域における取組みを学校が把握し連携していくことも求められています。

3．教育支援の制度

　次に，教育支援に関わる中心的な制度である「就学援助」「生活保護制度における教育扶助」「奨学金制度」について概観します。

(1)　就学援助

　就学援助制度とは，経済的な理由で就学が困難な子どもの保護者に対して，市町村が必要な援助を行うことを目的とした制度です。教育基本法4条に定められる教育の機会均等および，学校教育法19条「経済的理由によつて，就学困難と認められる学齢児童又は学齢生徒の保護者に対しては，市町村は，必要な援助を与えなければならない」という規定に基づいて実施されています。

　就学援助の対象者は，①要保護者（生活保護の受給者），②準要保護者（市町村教育委員会が，要保護者に準ずる程度に困窮していると認める者）であり，就学に要する経費（学用品費，修学旅行費，医療費，学校給食費等）を各市町村が負担します。準要保護者に対する援助については，各市町村が単独で実施しており，認定基準など各市町村によって運用方法が異なっています。

(2)　生活保護制度における教育扶助

　国民に健康で文化的な最低限度の生活を保障する（日本国憲法
25条1項）ことを実現するための制度が生活保護制度であり，生
活保護法をもとに実施されています。生活保護による扶助のうち，
「義務教育に伴つて必要な教科書その他の学用品」，「義務教育に伴
つて必要な通学用品」，「学校給食その他義務教育に伴つて必要なも
の」を扶助するものが教育扶助の制度です（生活保護法13条）。
基準額，教材代，学校給食費，通学のための交通費，学習支援費な
どが教育扶助として支給されます。なお，就学援助と教育扶助は重
複して受給することはできませんが，健康で文化的な最低限度の生
活を保障する教育扶助と，教育の機会均等を保障しようとする就学
援助の両制度が存在することにより，義務教育へのアクセスがより
実質的に支援されることになるのです。

(3)　奨学金制度

　貧困の連鎖を断ち切るための教育機会の保障という観点で考える
と，高等教育機関への進学支援も重要です。具体的には，奨学金制
度を利用する方法があります。経済的に困難な状況にある子どもの
進学に対する経済的支援を行う奨学金に関する事業は多様な主体に
よって行われています。国による奨学金制度としては，日本学生支
援機構による事業が行われており，2017（平成29）年度から，
給付型奨学金事業や無利子奨学金における所得連動返還型奨学金を
導入するなど制度の充実が図られてきました。さらに，2020（令
和2）年度から，授業料，入学金の免除または減額と，給付型奨学
金の大幅拡充を行う高等教育修学支援新制度が実施されています。

　これらの制度によって，経済的な理由によらず教育を受ける権利
を保障することが可能になっています。また，生活基盤を保障する
ための福祉支援を同時に行っていくことも，子どもの教育支援を有
効に機能させていくために重要であるといえるでしょう。

第3節　外国につながる子どもの教育

1．「外国につながる子ども」の存在

　2022（令和4）年末時点の在留外国人数は，前年から11.4％増加の307万5,213人と過去最高を更新しました*³。それに伴い，多様な言語や文化を背景に持ちながら日本で暮らしている「外国につながる子ども」も増えています。ここでいう「外国につながる子ども」とは，外国籍のある子どもに限らず，日本国籍であっても日本に来たばかりで日本語が十分に話せない子どもなど，国籍だけで判断できないほど多様な存在としてとらえています。

　文部科学省が実施した「日本語指導が必要な児童生徒の受入状況等に関する調査（令和3年度）」によると，日本語指導が必要な児童・生徒数は，5万8,307人であり，前回調査（2018〈平成30〉年度）より7,000人程度増加しています。この調査において「日本語指導が必要な児童生徒」とは，「日本語で日常会話が十分にできない児童生徒」もしくは「日常会話ができても学年相当の学習言語が不足し，学習活動への参加に支障が生じている児童生徒」を指しています。そこには，外国人児童・生徒や日本国籍はあるものの日本語指導を必要とする児童・生徒が含まれています。日本の公立学校に在籍する外国人児童・生徒の数が，2021（令和3）年で小学校，中学校，義務教育学校，高等学校（通信制を除く），中等教育学校，特別支援学校（幼稚部を除く）において11万4,853人と年々増加傾向にあることも踏まえると*⁴，言語の壁によって生じる友だち関係や学びの困難を抱える子どもへの支援がより強く求められているといえるでしょう。

　このような状況を踏まえて，2019（令和元）年6月28日に「日本語教育の推進に関する法律」が公布・施行されました。同法では，多様な文化を尊重した活力ある共生社会の実現・諸外国との交流の

促進ならびに友好関係の維持発展に寄与することを目的として，日本語教育の機会拡充の方針について定められています。

2．課題と求められる支援

　このように見ていくと，日本語指導という言語面での課題が大きいことがうかがえますが，制度的な課題や文化・家庭環境などの多様性を踏まえた支援にも目を向ける必要があるでしょう。

　とりわけ課題となっているのは，外国人児童・生徒の不就学の問題です。2022（令和4）年に実施された「外国人の子供の就学状況等調査」では，不就学の可能性がある，または就学状況が確認できていない子どもが8,000人程度いることが明らかになっています。日本では，外国籍のある人がその保護する子どもを公立の義務教育段階の学校に就学させることを希望する場合には，無償で就学を受け入れており，就学援助を含めて日本人と同じ教育を受ける機会を保障しています。一方で，現行の法律では外国籍の子どもの保護者に就学義務が課されていません。このことにより不就学の問題が生じやすくなっています。

　さらに，外国につながる子どもの家庭が置かれている環境の困難が「子どもの貧困」と結びつきやすいことも課題として挙げられます。全国的な調査はありませんが，日本に在留している外国人の場合，非正規雇用の割合が高いことやひとり親世帯の割合の高さなどを背景に，貧困世帯の割合はより高いと推察されています。問題なのは，保護者の言語の壁や就労状況によって，経済的な問題を解決するために必要な制度や教育支援の情報が行き届かない状況が生じうるということです。先述した「子供の貧困対策に関する大綱」の基本的な方針の中でも，外国籍であるなどにより日本語が不自由であるなど，困窮層は多様であることに留意しながら，支援が届いていない，または届きにくい子ども・家庭への対策を推進することが示されています。

これらを踏まえて保育所・学校の役割について考えると，学校内外の資源を活用しながら外国につながる子どもへ包括的な支援を行っていくことが重要であることがわかります。具体的には，文部科学省が発行する『外国人児童生徒受入れの手引　改訂版』（2019〈令和元〉年）に基づいた対応をはじめ，日本語教育に関わるNPOとの連携や地域ボランティアの活用などが挙げられるでしょう。しかし何よりも大切なのは，多様な文化・価値観を認め合う社会を実現するために，保育者・教員として何ができるのかを考え続けていくことです。

〈註〉
＊1　厚生労働省「令和3年度 福祉行政報告例」。
＊2　厚生労働省「2022年（令和4年）国民生活基礎調査の概況」。
＊3　出入国在留管理庁「在留外国人統計結果の概況 2022年」。
＊4　文部科学省「令和3年度 学校基本調査」。

〈参考文献〉
・川崎二三彦『児童虐待―現場からの提言』岩波書店（2006年）
・末冨芳編著『子どもの貧困対策と教育支援――より良い政策・連携・協働のために』明石書店（2017年）
・荒牧重人 他編『外国人の子ども白書――権利・貧困・教育・文化・国籍と共生の視点から』明石書店（2017年）

Question

Q1　児童虐待や貧困で困っている子どもに気づいた時，保育士・教員であるあなたはどのような対応を行いますか。関係機関との連携に着目して具体的な対応案を考えてみましょう。

Q2　外国につながりのある子どもへの支援について，制度的な課題とその課題を乗り越えるための取組みについて考えてみましょう。

用語解説

スクールソーシャルワーカー

　スクールソーシャルワーカー（以下，SSW）とは，福祉の観点から，学校と家庭，関係機関との連携などの関係をとりもつ専門職です。貧困や虐待の問題など，学校が抱える課題がより困難化・複雑化するなかで，文部科学省により2008（平成20）年からSSW活用事業が開始されました。

　法的な位置づけを見ると，2015（平成27）年12月，中央教育審議会の「チームとしての学校の在り方と今後の改善方策について（答申）」において，SSWの配置の拡充・質の確保や職務内容等を明記することの検討が提言されました。これを受け，改正された学校教育法施行規則（2017〈平成29〉年4月1日施行）で，SSWの職務内容が規定されています（現65条の4）。

　SSWは，子どもや保護者が自身の努力だけでは解決できない問題について，必要な社会福祉資源とつなぎながら環境を整えていきます。よく似た存在であるスクールカウンセラー（SC）は，子ども個人の心理的内面に対する支援に焦点を当てますが，SSWは問題を子ども個人ではなく取り巻く環境との相互作用の中でとらえ，個人と環境の双方に働きかけていきます。具体的には，家庭訪問等の直接的支援だけでなく，学校でのケース会議の構築・支援や学校の体制づくりといった間接的支援を行うことが期待されています。

　しかし，実際の連携をめぐっては多くの課題も指摘されています。総務省が行った調査（「学校における専門スタッフ等の活用に関する調査」2020〈令和2〉年5月）によると，SSW等の専門的職務に対する理解不足などの理由によって十分に活用されていない実態が明らかになっています。制度を形骸化させず，子どもや保護者が抱える問題を「チーム学校」として解決していくためにも，SSWの特徴や役割を明確にした連携の在り方を模索することが求められています。

第14章 学校安全と子どもの事故

黒川　雅子

はじめに

　未成熟な存在である園児・児童が集団生活を送る中で，事故は不可避的に存在するといえます。では，事故の防止，事故が発生した際の対応について，保育士や教員はどのようなことを理解しておくべきなのでしょうか。本章では，学校安全を概説した上で，学校保健安全法を読み解き，学校安全に関わる規定の内容を理解していきます。また，学校事故に起因する裁判例を扱い，子どもの事故への妥当な対処の在り方について考えていくことにしたいと思います。

第1節　学校安全とは

1．学校安全の領域と活動

　学校安全として取り扱うべき領域には，①生活安全（学校・家庭など日常生活で起こる事件や事故を扱い，犯罪被害防止も含む），②交通安全（交通場面における危険，安全，事故の防止を含む），③災害安全（自然災害に加えて，火災や原子力災害も含む）の3つが存在します。そして，これら3領域を扱う学校安全の活動は，安全教育と安全管理，組織活動という3つの主要な活動から構成されています（図14−1）。

　安全教育とは，園児・児童（以下，児童等とします）が自ら安全に行動する，他者や社会のために貢献すること等を目指して行われる教育活動をいいます。小学校では，各教科をはじめとして，様々

164

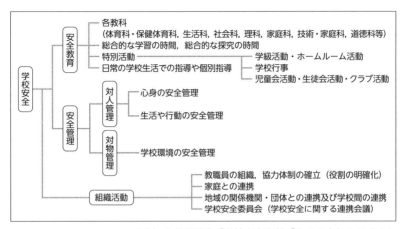

出典）文部科学省「学校安全資料『生きる力』をはぐくむ
　　　学校での安全教育」（2019年）12頁より引用

図14-1　学校安全の体系

な教育活動を通じて実践しています。安全管理とは，児童等の安全
を確保するための環境を整えることを目指す活動を指します。管理
の視点としては，対人管理と対物管理といった2点に分けられます。
なお，安全教育と安全管理は学校安全の両輪とされており，これら
は相互に関連づけて組織的に行う必要があるとされ，両者の活動を
円滑に進めるための組織活動が学校安全を進めていくためには必要
となります[1]。

2．安全教育の実践

　安全教育を的確に実施するためには，保育士，幼稚園・小学校の
教員（以下，幼稚園・小学校の教員双方を指して教員とします）が
その内容を理解しておくことが必要となります。この点，2017
（平成29）年に発表された保育所保育指針，平成29年版幼稚園教
育要領において，自ら健康で安全な生活をつくり出す力を養うため
に，以下のような記載が共通して存在します。

　第一に，「危険な場所，危険な遊び方，災害時などの行動の仕方

が分かり，安全に気を付けて行動する」ことを目指した内容を扱うことです。第二に，内容の取扱いとして，「安全に関する指導に当たっては，情緒の安定を図り，遊びを通して安全についての構えを身に付け，危険な場所や事物などが分かり，安全についての理解を深めるようにすること。また，交通安全の習慣を身に付けるようにするとともに，避難訓練などを通して，災害などの緊急時に適切な行動がとれるようにすること」とされています[*2]。

　小学校においては，平成29年版小学校学習指導要領「第1章総則」の「第1 小学校教育の基本と教育課程の役割」にあるように，特に，「安全に関する指導及び心身の健康の保持増進に関する指導については，体育科，家庭科及び特別活動の時間はもとより，各教科，道徳科，外国語活動及び総合的な学習の時間などにおいてもそれぞれの特質に応じて適切に行うよう努めること」が求められます。これに基づき，学習指導要領上，例えば，体育，社会，理科，家庭といった教科や道徳科，総合的な学習の時間や特別活動に関わる部分において安全教育に関わる事項の記述が見られます。

第2節　学校保健安全法から見る学校安全

　学校保健安全法は，学校保健の他，文字通り学校安全に関わる規定を置いています。学校保健安全法上の「学校」とは，学校教育法1条に規定される学校（いわゆる，1条校）であるため，国公私立を問わず，幼稚園にも小学校にもこの法律が適用されることになります。また，「就学前の子どもに関する教育，保育等の総合的な提供の推進に関する法律」において，学校保健安全法26条から31条までの規定は，幼保連携型認定こども園に準用するとされています（27条）。それゆえ，幼保連携型認定こども園にも学校保健安全法上の学校安全に関わる規定が適用されることになります[*3]。

　学校保健安全法では，学校安全に関わり，①学校設置者，②学校，

③校長の責任について規定されています。まず，学校設置者に対しては，児童等の安全の確保を図るため，その設置する学校において，事故，加害行為，災害等（以下，事故等）により児童等に生ずる危険を防止し，および事故等により児童等に危険または危害が現に生じた場合（危険等発生時）において適切に対処することができるよう，当該学校の施設および設備ならびに管理運営体制の整備充実その他の必要な措置を講ずるよう努めることとしています（26条）。

　次に，学校には，第一に，学校の施設および設備の安全点検，児童等に対する通学を含めた学校生活その他の日常生活における安全に関する指導，職員の研修その他学校における安全に関する事項についての学校安全計画を策定し，それを実施する義務を課しています（27条）。第二に，学校の実情に応じて，危険等発生時において当該学校の職員がとるべき措置の具体的内容・手順を定めた対処要領である「危険等発生時対処要領」（いわゆる危機管理マニュアル）を作成するものとしています（29条1項）。第三には，事故等により児童等に危害が生じた場合において，当該児童等および当該事故等により心理的外傷その他の心身の健康に対する影響を受けた児童等その他の関係者の心身の健康を回復させるために，これらの者に対して必要な支援を行うものとしています（29条3項）。第四には，児童等の安全の確保を図るため，児童等の保護者との連携を図るとともに，当該学校が所在する地域の実情に応じて，当該地域を管轄する警察署その他の関係機関や関係団体，当該地域の住民その他の関係者との連携を図る努力義務を課しています（30条）。

　最後に，校長の果たすべき役割としては，第一に，当該学校の施設または設備について，児童等の安全の確保を図る上で支障となる事項があると認めた場合には，遅滞なく，その改善を図るために必要な措置を講じ，当該措置を講ずることができないときは，学校設置者に対し，その旨を申し出ることとしています（28条）。第二

には，教職員に対する危機管理マニュアルの周知義務，および危険等発生時に教職員が適切に対応できるよう，訓練を実施するなどの必要な措置を講ずることが求められています（29条2項）。

　なお，保育施設は，学校保健安全法の適用を受けません。しかし，園児の安全を確保することは保育施設，保育士にも求められます。その理由は，保護者と保育所の間で契約が結ばれた上で，保護者は子どもの保育を保育施設に委ねているからです。子ども・子育て支援法27条1項に規定する特定教育・保育施設は，「特定教育・保育施設及び特定地域型保育事業並びに特定子ども・子育て支援施設等の運営に関する基準」において，事故の発生またはその再発を防止するための措置を講じなければならないとされています（32条1項）。この他，保育施設の安全については，2016（平成28）年に発表された「教育・保育施設等における事故防止及び事故発生時の対応のためのガイドライン【事故発生時の対応】～施設・事業者，地方自治体共通～」において，死亡や重篤な事故を発生させないための予防策や事故後の適切な対応の在り方が示されています。

第3節　学校の管理下で起こる事件・災害・事故と学校の危機管理

　次に，学校保健安全法に規定されているように，幼稚園・小学校が生ずる危険を防止し，児童等の安全確保に配慮することが必要となる「学校の管理下」について見ていくことにします。幼稚園・小学校は，児童等の安全確保に配慮する安全配慮義務（注意義務）を法的に負うと考えられています。しかし，安全配慮義務を果たすべき「学校の管理下」の範囲を示す法令は存在していません。それゆえ，「学校の管理下」を考える上で，参考として使用するのが，災害共済給付制度における「学校の管理下」の範囲です[4]。

　ここでいう「学校の管理下」とは，①児童等が，「法令の規定に

より学校が編成した教育課程に基づく授業を受けている場合」，②児童等が「学校の教育計画に基づいて行われる課外指導を受けている場合」，③児童等が「休憩時間中に学校にある場合その他校長の指示又は承認に基づいて学校にある場合」，④児童等が「通常の経路及び方法により通学する場合」等とされています（独立行政法人日本スポーツ振興センター法施行令5条2項，独立行政法人日本スポーツ振興センターに関する省令26条）。

　給付金の支払いに関わるため明確に法令で示されている災害共済給付制度でいう「学校の管理下」と，児童等の安全確保に配慮することが法的に求められるであろう「学校の管理下」の範囲が全く同じというわけではありません。しかし，児童等の安全確保に配慮すべき責任を負う場面については，災害共済給付制度における「学校の管理下」を基本として考えることが重要といえます。

　上記の「学校の管理下」の範囲から理解可能なように，保育所や幼稚園，小学校には，施設内における活動のみならず，計画に基づいて施設以外の場所で行われている活動も含まれることになります。それゆえ，学校の管理下で発生する事件・災害・事故としては，具体的には，不審者侵入，登下校時の緊急事態（不審者事案），交通事故，自然災害（地震・津波，落雷，大雨・台風・大雪など），熱中症，食物アレルギー，授業などの教育活動中に発生する事故，保育活動中に発生する事故，校外学習やお泊まり保育等の施設以外の場所での活動中に発生する事故などが挙げられます。

　保育士や教員は，これらの事件・災害・事故が学校の管理下において発生した際，危機管理の意識を持ち，児童等の安全確保に努めなければなりません。そのためには，学校保健安全法に規定されている危険等発生時対処要領や保育所が作成している危機管理マニュアルをしっかりと頭に入れておく必要があります。

　危機管理については，文部科学省が，①事前の危機管理（危険を

いち早く発見して事件・事故の発生を未然に防ぐ），②発生時の危機管理（万が一事件・事故が発生した場合に，適切かつ迅速に対処し，被害を最小限に抑える），③事後の危機管理（保護者等への説明や児童等の心のケアを行うとともに，発生した事故等を検証し，得られた教訓から再発防止に向けた対策を講じる）といった３つの側面から説明していますので理解しておきましょう*5。

第４節　保育所，幼稚園，小学校における事故事例

　次に，保育所，幼稚園，小学校において発生した事故に起因した裁判例を扱い求められる法的な責任について検討するとともに，送迎バス置き去り事故後の対策を見ることにしたいと思います。

⑴　**保育所でのプール事故訴訟**

（京都地方裁判所判決令和元年５月16日）

　保育所でのプール活動中，園児Aがプール内で仰向けになっていることに保育士が気がつき，病院へ搬送されたものの，低酸素脳症により死亡した事案において，Aの両親と姉（原告ら）が，保育士が適切な監視を行わなかった注意義務違反により，Aが溺水して死亡したものと主張し，保育所を営んでいる社会福祉法人（被告）を相手に損害賠償を求めて提訴したというものです。

　事故当日，使用していたプールの適応人数は18名でした。しかし，２クラスの４歳児が合同で使用し，担任保育士２名が監視にあたってはいたものの，30名の園児がプール遊びをしていました。

　判決は，「被告には，プール活動・水遊びを行う場合は，監視体制の空白が生じないよう」「役割分担を明確にする，事故を未然に防止するため，プール活動に関わる保育士等に対して，児童のプール活動・水遊びの監視を行う際に見落としがちなリスクや注意すべきポイントについて事前教育を十分に行う義務があったにもかかわらず」，これを怠ったとしました。さらに，担任保育士らは，役割

分担もせず，しかも，一時プールを離れたり，他の作業をしたりするなどした上，事故発生時には，1人の保育士が30名もの園児のプール指導をし，かつ，監視している状態であり，注意義務違反があったと指摘しています。その上で，担任保育士らが注意義務を怠り，その結果，Aがプール内で溺水し低酸素脳症により死亡したのであるから，担任保育士らの注意義務違反とAの死亡とには相当因果関係が認められるとして，損害賠償請求を一部認めています。

(2) 小学校授業中発生事故訴訟

（東京地方裁判所判決平成30年12月11日）

授業中，小学校4年生の児童Xは，クラスメイトが投げた分度器が左眼に当たったことにより，左眼角膜裂傷等の傷害を負うこととなりました。Xは，この事故は，クラスメイトの児童が分度器を投げるといった行動を担任が制止しなかったことなどにより発生したとして，学校設置者および分度器を投げたクラスメイトの保護者を相手に損害賠償を求めて提訴しました。

ここでは，紙幅の関係から学校設置者の法的責任についてのみ見ていくこととします。事故当日，席を立った2名の児童が教室後方のスペースで動き回り，一人がもう一人に向けて鉛筆を飛ばしました。やり返そうと考えた児童が，分度器を手にとって投げ，それが椅子に当たって跳ね返り，Xの左眼に当たりました。担任は，他の児童からXが負傷したことを聞きXを保健室に行かせて，分度器を投げた児童から聴き取りを行い，事故の発生経緯を知りました。

この事故について，判決は，2名の児童が動き回り始めたことを認識した時点で，口頭で注意をする以上の実効性のある手段を講じなければ，一人の児童がやがて身の回りの物を投げるような行為に及ぶことを，十分に予見することができたとしました。しかし，担任は，教卓から2名の児童を注意するに止まり，2名が席に戻らなかったのにそれ以上の対応をとりませんでした。それゆえ，担任は

「事故を防止するために要求されるべき注意義務を尽くしていたとは認められ」ず，これを尽くしていれば事故の発生を回避することができたといえるから，担任には「事故の発生について注意義務違反による過失があった」として，学校設置者は，Ｘに生じた損害を賠償する義務を負うとしました。

(3) 幼稚園園長業務上過失致死傷事件

（松山地方裁判所判決平成 28 年 5 月 30 日）

　幼稚園がお泊まり保育を実施し，宿泊施設付近を流れる河川で園児を遊泳させていました。すると，上流での降雨等によって河川の水位が突如上昇し，増水した河川の水流により園児Ａが下流に押し流され，溺死するという事故が発生しました。そして，園長，および引率していた主任教員と担任教員（以下，園長等とします）の3名が業務上過失致死傷罪に問われ，刑事責任が追及されることになりました。

　判決は，お泊まり保育に参加する園児 31 名のうち，約半数は浮き具を着けなければ泳げなかったことは，園長等も計画段階で認識できたとしました。それゆえ，園児を遊泳させている時に増水等が発生した場合，園児の生命・身体に重大な危険が及ぶ蓋然性が高いことを容易に予見できたと指摘しています。さらに，事故当時，公益財団法人河川財団子どもの水辺スポーツサポートセンターがインターネットで「水辺の安全ハンドブック」を公開しており，そこでは，具体的な注意事項が示されていました。

　この点，判決は，幼稚園はこの情報をパソコン等から容易に知ることができたとし，遊泳場所付近が晴れていても，上流域の降雨によっては，遊泳場所付近において増水するなどの河川の変化（増水等危難）が生じ，水流・流速が増す危険性があることを予見することができたとしました。そして，お泊まり保育や遊泳を実施するか否かの判断の基礎とすべき情報の収集は園長の職務というべきであ

り，園長が，園児にライフジャケットを適切に装着させる義務を果たしていなかったことにより，Aは溺死したと認められるから，園長とAの死亡との間に因果関係があることが明らかであるとしました。これらを踏まえ，最終的に判決は，主任教員および担任教員にはいずれも犯罪の証明がないから無罪であるとしつつも，園長にはライフジャケット準備装着義務違反があり，その結果，Aを死亡させたとして業務上過失致死罪が成立するとしています。

(4)　送迎バス置き去り事故後の対策

　2022（令和4）年9月5日，駐車場に駐められた通園バスの車内に置き去りにされた園児が，熱射病で死亡する事故が発生しました。この事故を受けて，同月9日には，保育所，幼稚園，認定こども園および特別支援学校幼稚部におけるバス送迎に当たっての安全管理に関する具体的な対策等を示すため，「保育所，幼稚園，認定こども園及び特別支援学校幼稚部におけるバス送迎に当たっての安全管理の徹底に関する関係府省会議」が設置されました。

　そして，同年10月には，政府から「こどものバス送迎・安全徹底プラン～バス送迎に当たっての安全管理の徹底に関する緊急対策～」が発表されました。また，緊急対策の一環として，「こどものバス送迎・安全徹底マニュアル」，および送迎バスに同乗する職員や運転手が児童等を置き去りにすることを予防するために使用可能な「毎日使えるチェックシート」や「送迎業務モデル例」が打ち出されています。送迎バスを使用する保育所，幼稚園，認定こども園，特別支援学校に勤務する保育士，教員は，児童等の命を守る観点から，これらを一読しておくことが必要といえるでしょう。

おわりに

　保育士や教員となった際には，園児や児童の安全確保のためにすべきことは何かを考えることが大切となります。その際，学校保健

安全法の規定についての基本的理解や本章で取り上げた裁判例から学んだ視点を活用してください。日々，園児や児童と向き合う保育士，教員としての対応，また保育所，学校の組織的対応について，それぞれの在り方を意識して保育，教育活動に当たることができる保育士，教員を目指して欲しいと思います。

〈註〉
＊1　文部科学省「学校安全資料『生きる力』をはぐくむ学校での安全教育」（2019年）10-11頁。
＊2　『保育所保育指針』（2017年）25頁，34-37頁，『幼稚園教育要領』（2017年）11-12頁。
＊3　本章では，幼保連携型認定こども園も含めて「幼稚園」，園長も含めて「校長」と記載します。
＊4　災害共済給付制度の詳細については，用語解説（175頁）を参照してください。
＊5　文部科学省「学校事故対応に関する指針」（2016年3月）5頁。

〈参考文献〉
・文部科学省「学校の危機管理マニュアル作成の手引」（2018年）
・小美野達之「学校事故と法」坂田仰編著『三訂版　学校と法―「権利」と「公共性」の衝突―』放送大学教育振興会（2020年）
・田中洋「学校安全」黒川雅子・山田知代・坂田仰編著『生徒指導・進路指導論』教育開発研究所（2019年）

Question

Q1　文部科学省は，「危機管理」についてどのように説明していたでしょうか。自分の言葉で説明してみましょう。

Q2　学校保健安全法は，なぜ各学校に「危険等発生時対処要領」の作成を求めているのでしょうか。その理由を考えてみましょう。

用語解説

災害共済給付制度

　災害共済給付とは，独立行政法人日本スポーツ振興センター（以下，センター）が学校等の管理下で発生した災害に対して，一定額の付与を行うものです。ここでいう災害，および学校等の管理下の範囲については，独立行政法人日本スポーツ振興センター法施行令5条で規定されています。災害共済給付制度の概要は，以下の通りです。

　災害共済給付制度には，学校設置者が，保護者等の同意を得た上でセンターとの間で災害共済給付契約を結ぶことにより加入できます。対象となる学校種は，①義務教育諸学校（小学校，中学校，義務教育学校，中等教育学校の前期課程，特別支援学校の小学部および中学部），②高等学校（中等教育学校の後期課程，特別支援学校の高等部を含みます），③高等専門学校，④幼稚園（特別支援学校の幼稚部，幼稚園型認定こども園の幼稚園部分を含みます），⑤幼保連携型認定こども園，⑥高等専修学校，⑦保育所等であり，国公私立の別は問われていません。

　2023（令和5）年度の子ども一人当たりの共済掛金の年額は，①は920（460）円，要保護児童生徒の場合は40（20）円です。②は全日制昼間学科が2,150（1,075）円，定時制夜間等学科が980（490）円，通信制学科が280（140）円です。③は1,930（965）円，④および⑤が270（135）円です。⑦は350（175）円，要保護児童の場合は40（20）円です（括弧の中は沖縄県における金額です）。なお，共済掛金の保護者の負担割合は，義務教育諸学校が4割から6割，それ以外が6割から9割となっており，残りの額は学校設置者が負担します。災害共済給付には，学校等の管理下での災害により，負傷・疾病した場合の医療費，負傷・疾病が治った後に残る障害（その程度により1級から14級に区分されます）に対する障害見舞金，死亡した場合の死亡見舞金があります。それぞれの金額は，独立行政法人日本スポーツ振興センター法施行令3条に定められています。

第15章　子育て支援の制度

内山　絵美子

はじめに

　日本においては，1990（平成2）年に，合計特殊出生率がそれまでで最低の1.57を記録して以降，少子化対策の1つとして子育て世帯への支援の必要性が強く認識されるようになりました（いわゆる「1.57ショック」）。これまで様々な子育て支援施策が行われてきましたが，2022（令和4）年人口動態統計によれば，出生数は前年比4万863人減の77万759人（合計特殊出生数は1.26）で，1899（明治32）年の調査開始以来過去最少を更新しています。本章では，近年進められてきた子育て支援施策の動向を概観するとともに，大きな制度改革である，幼保一元化と認定こども園の導入，子ども・子育て支援新制度，幼児教育・保育の無償化についてとりあげます。

第1節　子育て支援をめぐる社会動向

1．少子化と子育て支援施策

　政府による子育て支援の総合的な計画として最初のものは，1.57ショック後，1994（平成6）年に出された「今後の子育て支援のための施策の基本的方向について」（エンゼルプラン）です。保育所の量的拡大や低年齢児（0〜2歳児）保育，延長保育等の多様な保育サービスの充実，地域子育て支援センターの整備等を図る計画が策定されました。その後，1999（平成11）年には，雇用，

母子保健・相談，教育等の事業も加えた幅広い内容を含む「重点的に推進すべき少子化対策の具体的実施計画について」（新エンゼルプラン），2004（平成16）年には，特に若者の自立や子育てへの意識改革に焦点を当てた「少子化社会対策大綱に基づく具体的実施計画」（子ども・子育て応援プラン），2006（平成18）年には，家族・地域の絆の再生や社会全体の意識改革を図るための国民運動の推進を強調した「新しい少子化対策」が実施されてきました。2003（平成15）年には，企業や地方自治体に一層の支援を求める次世代育成支援対策推進法や，政府により長期的かつ総合的な支援施策を求める少子化社会対策基本法が策定され，社会全体で子育て世帯を支援する方向性が強く打ち出されるようになりました。

　子育て支援施策は，仕事と家庭の両立の観点から，特に保育の提供に関する施策を中心に始まりましたが，子育て家庭を社会全体が支えるという観点からの施策の充実へと移行してきたといえます。しかし一方で，子育てを家庭の役割・責任と明確に位置づけ，家庭教育の重要性を強調するものでもあり，子育てを家庭に閉じ込めてしまうことによる子育ての孤立が懸念されてきました。性的役割分業観が根強い日本では，負担が母親に集中することも問題視されています。ですが近年は，幼児教育が生涯にわたる人格形成の基礎を培うものであり，子どもたちに質の高い幼児教育の機会を保障することの重要性が認識されるようになっており，子育ての社会化の機運が高まっているとみることもできます。次節でみる幼保一元化は，財政効率化を図るという側面はありますが，その理念は子育てを社会全体が担うことに通じるものととらえられます。また無償化は，子育てを社会に開かれたものにする契機となる可能性があります。

２．幼保一元化

⑴　幼保一元化の理念

　幼児教育政策においては，幼保一元化が大きな争点の一つとなっ

てきました。そもそも，なぜ二元体制であるのかといえば，幼稚園と保育所，それぞれの設立の経緯や目的が違うからです。

　戦前（明治～大正期）は家庭での育児が中心だったものの，農村から都市の工場や企業に働きに出た貧困層の子どもや戦争で親を失った子どもを保護する託児所や，中上流階級の子どもが小学校就学前の準備教育を受ける幼稚園が徐々に設置されはじめました。託児所は，戦争孤児や親の就労により「保育に欠ける」子どもに福祉を提供する目的，幼稚園は幼児の知徳体の調和的発達を図り，母親による教育を補助し，より良い習慣形成を行う目的がありました。その違いから，戦後も別個の法律（児童福祉法と学校教育法）により制度化されます。それぞれの事業を担当する官庁も厚生省（当時）と文部省（当時）と異なり「二元体制」となったのです。

　実は，一元化の試みは大正期～昭和初期にはあったといわれています。1926（大正15）年の幼稚園令に伴って出された「幼稚園令及幼稚園令施行規則制定ノ要旨並施行上ノ注意事項」（大正15年文部省訓令第9号）は，共働き家庭や困窮家庭の幼児にこそ幼稚園が必要であるとして，大幅な延長保育時間や3歳未満児の受け入れの可能性を提示しました（田澤2011：20頁）。実際には，そうした措置を行った幼稚園はほとんどなく，また託児の必要な家庭にとって，幼稚園の利用は費用負担の面で厳しいものであったために実現には至りませんでした。しかし，幼児に教育を平等に保障しようとする理念はこの頃からあったことがわかります。

　1980年代に入ると，政府与党内で活発な議論が展開されます。この時期は，幼児の減少や政府の財政赤字により公的な福祉サービスの縮小が目指された時期です。幼稚園・保育所の施設の共用化や幼稚園における預かり保育など制度の弾力的運用の拡充に政策の舵を切ります。幼稚園に保育所的な機能を求める動きです。一方保育所の保育内容については，保育所保育指針が幼稚園教育要領の教育

内容に合わせたものとなり，保育所でも教育活動の充実が求められました。2000年代に入ると，幼稚園・保育所制度の一元化，幼稚園・保育所の総合施設化に議論が発展します。それが2006（平成18）年に認定こども園制度として結実することになります。

　しかし，このとき行政は二元体制のままであったため，園の管理運営に関わる手続きの煩雑さが課題となりました。行政の一元化が図られたのは2015（平成27）年の子ども・子育て支援新制度においてです（後述）。現在は保育・子育て支援に関する事務・事業は内閣府に新設されたこども家庭庁に移管されています（第9章参照）。

　このように，幼保一元化は「幼児教育を平等に保障する」という理念を持ちながらも，実際には財政効率を求める動きの中で進展してきたといえます。ただし教育・保育の内容面については，早くから共通のものとすることが目指されてきました。

(2)　認定こども園制度

　総合施設化の提言は，2005（平成17）年のモデル事業の実施

表15−1　認定こども園の設置形態

形態	法的性格	概要
幼保連携型	学校かつ児童福祉施設	幼稚園機能と保育所機能の両方の機能を併せ持つ単一の施設
幼稚園型	学校	認可幼稚園が，保育が必要な子どものための保育時間を確保するなど，保育所機能を備えたもの
保育所型	児童福祉施設	認可保育所が，保育が必要な子ども以外の子どもも受け入れるなど，幼稚園機能を備えたもの
地方裁量型	認可外保育施設	幼稚園・保育所いずれの認可もない地域の教育・保育施設が，幼稚園機能と保育所機能を併せ持つ認定こども園となったもの

出典）内閣府HP「認定こども園概要」
https://www8.cao.go.jp/shoushi/kodomoen/gaiyou.html
（最終アクセス日：2023〈令和5〉年10月12日）を基に作成

を経て，2006（平成18）年3月，「就学前の子どもに関する教育，保育等の総合的な提供の推進に関する法律」（認定こども園法）の成立によって実現されました。これにより登場した「認定こども園」は，幼稚園の機能と保育所の機能を併せ持った施設です。具体的には幼稚園および保育所等のうち，①保護者の就労にかかわらず保育の必要性に応じて就学前の子どもに対する教育・保育を一体的に提供する機能，②地域におけるすべての子育て家庭を対象に子育て支援を行う機能を備える施設が，「認定こども園」として都道府県知事からの認定を受けることができます。認定こども園には幼保連携型，幼稚園型，保育所型，地方裁量型の4つの形態があります（表15－1）。都市部では，定員に余裕のある幼稚園の有効活用による待機児童の解消，少子化の進む過疎地では幼稚園と保育所の統廃合による経費削減を可能にするものとして期待されました。

　2011（平成23）年には762園だった認定こども園の数は，2022（令和4）年4月1日時点で9,220園にまで増加しています（内閣府「認定こども園に関する状況について」2023〈令和5〉年）。

第2節　子ども・子育て支援新制度

　待機児童の解消等を目指した認定こども園は，当初はそれほど普及しませんでした。そうした中で，特に都市部での待機児童問題が深刻化し保育施設の量的拡大が急務となりました。また保護者の多様な労働形態に対応した柔軟な保育サービスの提供も求められました。そこで，認定こども園の設置を一層推進するとともに，これまで認可外として十分な監督や財政支援の受けられなかった保育施設を補助の対象とし，一定の基準を設けてその質を保証していく「子ども・子育て支援新制度」が構想されました。①子ども・子育て支援法，②認定こども園法の一部改正法，③子ども・子育て支援法及び認定こども園法の一部改正法の施行に伴う関係法律の整備等に関

する法律から成る「子ども・子育て関連3法」に基づき2015（平成27）年4月よりスタートしています。

　新制度は大きく3つの柱から成ります。第一に，補助金等の給付を一元化する新たな財政支援方式の導入です。まず，認定こども園・保育所・幼稚園に共通する「施設型給付」（→用語解説188頁）が整備されました。認定こども園のうち，幼保連携型については，「学校及び児童福祉施設」と位置づけられ改正認定こども園法に基づく単一の認可となり，指導監督，財政措置について内閣府への一本化が行われました（現在は，こども家庭庁に移管）。幼稚園はこれまで同様，私学助成（→用語解説194頁）を受けるのか，「施設型給付」による支援を受けるのか，選択することとなりました。また多様な保育事業の量的拡大を図るために，小規模保育，家庭的保育，居宅訪問型保育，事業所内保育に対する「地域型保育給付」（→用語解説188頁）も新設されました（図15-1）。

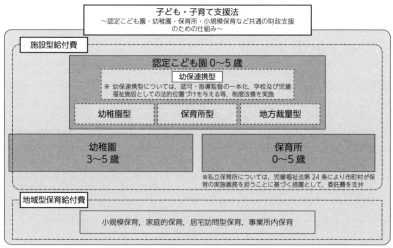

出典）内閣府「子ども・子育て支援新制度について」（2022〈令和4〉年7月）
https://www8.cao.go.jp/shoushi/shinseido/outline/pdf/setsumei_p1.pdf
（最終アクセス日：2023〈令和5〉年10月12日）を基に作成

図15-1　子ども・子育て支援法における財政支援の仕組み

表 15 - 2　新制度における認定区分

認定区分	認定内容・利用できる園・施設
1 号認定	教育標準時間（4 時間）認定・満 3 歳以上 ⇒認定こども園，幼稚園
2 号認定	保育認定（保育標準時間・保育短時間※）・満 3 歳以上 ⇒認定こども園，保育所
3 号認定	保育認定（保育標準時間・保育短時間※）・満 3 歳未満 ⇒認定こども園，保育所，地域型保育

※「保育標準時間」とは最大利用可能時間 1 日 11 時間（保護者の就労がおおむね 1 ヵ月 120 時間程度以上の場合），「保育短時間」とは最大利用可能時間 1 日 8 時間（保護者の就労がおおむね 1 ヵ月 120 時間に満たない場合）をいう。

出典）内閣府「子ども・子育て支援新制度について」（2022〈令和 4〉年 7 月）
https://www8.cao.go.jp/shoushi/shinseido/outline/pdf/setsumei_p1.pdf
（最終アクセス日：2023〈令和 5〉年 10 月 12 日）を基に作成

　親の就労にかかわらず保育を提供するという観点から，新制度においては，施設の種類を問わず市町村が保護者の就労状況等の客観的基準に基づき，教育・保育の利用時間（保育必要量）を 1 号～3号まで認定します（表15 - 2）。幼稚園，保育所，認定こども園のそれぞれで，集団生活の経験年数や在園時間の異なる園児が同じ空間で過ごすことになります。

　第二に，その他の子育て支援事業への支援の充実です。市町村が主体となって行う 13 の支援事業（例えば地域子育て支援拠点事業，一時預かり事業，放課後児童健全育成事業など）を法定化しました（子ども・子育て支援法 59 条）。国レベルでは，事業所内保育やベビーシッター事業の支援を行います（同法 59 条の 2）。

　第三に，総合的な子育て支援を行う推進体制の整備です。内閣府に子ども・子育て本部を設置し，制度ごとに分かれていた政府の推進体制を統合しました。さらには有識者，地方公共団体，事業主代表・労働者代表，子育て当事者，子育て支援事業担当者等が，子育て支援の政策プロセス等に参画・関与できる仕組みとして，国に「子ども・子育て会議」を設置するとともに，地方にも設置の努力

義務を課しました。当事者のニーズを取り入れ，総合的な子育て支援を行っていこうとするものです。

　このように，子ども・子育て支援新制度は一層の幼保一元化を推進しています。なお，教育・保育内容面では，2017（平成29）年に幼稚園教育要領と保育所保育指針が改訂され，さらなる共通化が図られています（第3・4章参照）。

第3節　幼児教育・保育の無償化

1．実施の背景と内容

　2019（令和元）年10月1日より，子ども・子育て支援法の一部を改正する法律が施行され，2015（平成27）年から段階的に進められてきた幼児教育・保育の無償化が全面実施となりました。これまでの数々の調査で，20代や30代の若い世代が理想の子ども数を持たない理由は，「子育てや教育にお金がかかり過ぎるから」が最大の理由となっており，保護者の経済的負担軽減措置は，重要な少子化対策とされてきました。

　無償化が実現した背景には，幼児教育の重要性，投資効果への国際的な関心の高まりが挙げられます。特に経済成長戦略という観点から，子どもの貧困や教育格差が将来の社会保障費用負担を増大させることが懸念されており，幼児教育の充実がその負担軽減に繋がることが研究的にも明らかにされてきました（ヘックマン 2013：30-33頁）。これからの社会で重要とされる非認知的能力（社会情動的スキル）を身に付けるために，幼児期からの教育的介入が必要であることも指摘されています。また日本は，先進国の中でも就学前教育への公費支出が少ないとされており，国際的な動向も踏まえ，幼児教育への投資に踏み切った側面もあるといえます。

　無償化は，対象となる施設・事業を利用するすべての3歳〜5歳児と住民税非課税世帯[*1]の保育を必要とする0〜2歳児を対象に，

表 15 – 3　無償化の対象と範囲

対象施設	無償化の範囲
・保育所 ・認定こども園 ・地域型保育事業	【3 歳〜5 歳】無料（※延長保育は含まない） 【0 歳〜2 歳】住民税非課税世帯が無料
・幼稚園	【満 3 歳〜5 歳】月額 25,700 円まで無料 　※預かり保育…450 円×利用日数まで無料 　（11,300 円が上限）
・認可外保育施設 ・一時預かり事業 ・病児保育事業 ・ファミリーサポートセンター事業 　など	【3 歳〜5 歳】保育が必要な児童を対象に月額 　37,000 円まで無料 【0 歳〜2 歳】保育が必要かつ住民税非課税世 　帯である場合に月額 42,000 円まで無料

子ども・子育て支援法 8 条に定める子どものための教育・保育給付，子育てのための施設等利用給付等により，利用料を無償とするものです。無償となる対象や範囲は表 15 – 3 の通りです。

　対象となる施設・事業には，幼稚園や認可保育所，地域型保育事業等に加え，企業主導型保育事業，認可外保育施設，一時預かり事業や就学前障害児の発達支援の施設・事業[2]の利用も含まれます。また幼稚園での預かり保育も，保育所等の保育時間の範囲と同等であるため対象となっています（保育所等において保育時間を超えて利用する延長保育は対象に含まれません）。また，利用する施設・事業によって，無償となる金額に上限があります。

　無償となるのは，施設の利用料であり，保護者から実費で徴収する費用（通園送迎費，食材料費，行事費，制服費，PTA 会費など）については含まれません。なお，食材料費は主食費と副食費に分かれており，保育所等における 2 号認定の利用者は副食費が利用料に含まれていましたが，無償化により利用料から切り離され，生活保護世帯やひとり親世帯等[3]を除いて，実費負担となりました。

２．無償化の課題

　懸念されていた課題の１つは，施設の利用希望者が増えることによる，都市部での待機児童の増加と保育の質の低下です。子ども・子育て支援法の一部を改正する法律案に対する附帯決議（2019〈平成 31〉年４月３日衆議院内閣委員会・2019〈令和元〉年５月９日参議院内閣委員会）では，待機児童問題の早急な解消および保育士の配置基準や保育所等の設備・運営の基準の見直しによる教育・保育，子育て支援の量的拡大と質の向上が求められました。

　待機児童の増加に対して，厚生労働省は 2018（平成 30）年より「子育て安心プラン」を実施し，2020（令和２）年度までの３か年計画で，32 万人分の保育の受け皿を確保することを目指すとしました。結果として，2019（令和元）年度までに，市区町村分で約 16.4 万人分，企業主導型保育事業で約 3.7 万人分の合計約 20 万人分の受け皿の確保が実現しました（厚生労働省「子育て安心プラン集計結果」2020〈令和２〉年９月４日）。このうち施設数として増加が最も多かったのは，幼保連携型認定こども園です。

　2023（令和５）年４月１日時点で，保育所等の利用児童数は 271 万 7,335 人（０〜５歳児全体の 52.4％）で，定員充足率は 89.1％となっています。待機児童は 2,680 人とプラン実施前の 2018（平成 30）の１万 9,895 人から大きく減少しました。ただし待機児童の約８割以上を１・２歳が占める状況は変わりません。特定の園を希望している，育児休業を延長している，など待機児童として数値化されない潜在的待機児童の存在も指摘されています。

　また０・１・２歳児の受け皿が拡大される一方で，定員割れがでている園も出始めています。０歳児の定員割れは，子どもの数に応じて算出される行政からの運営補助金の大きな減少を招き，職員数の確保や保育の質への影響が懸念されています。

　利用者の増加に伴い，定員いっぱいの受け入れによる保育環境の

変化や保育士不足の問題があります。前述の附帯決議では，保育等従業者の処遇の改善，潜在保育士に対する職業紹介を行う体制の整備充実，国の指導監督基準に満たない認可外保育施設，特にベビーホテルに重点を置いた定期的な巡回指導を確実に行うことが求められています。特に施設の巡回指導に関して，内閣府・文部科学省・厚生労働省は「特定子ども・子育て支援施設等の指導監査について（通知）」（2019〈令和元〉年11月27日）において指導・監査の指針を示しました。無償化の対象となる認可外保育施設等の確認を行う市町村に対して，指導の年間計画や実施スケジュールの策定とそれに基づく効率的・効果的な指導の実施などを要請しました。

　その他，幼稚園や認可外保育施設における無償化に便乗した無償化対象者のみの利用料等の値上げ，理由のない値上げも問題となりました＊4。国は，認可外保育施設に対しては保護者への変更内容等の説明，その他の施設においても児童福祉法施行規則を改正し，利用者が支払うべき額などに変更がある場合には，内容と理由を掲示することを義務づけました（49条の5第4号）。幼稚園にも同様に，保護者への変更内容の説明，学則の変更とその理由の届出が求められています。

　最後に無償化の対象の拡大と財源確保です。前述の附帯決議では，今後は安定した財源を確保しつつ，現在対象となっていない0〜2歳の保育の必要性がある子どものすべてが対象となるよう検討を行い必要な措置を講ずること，施行後5年を目途として行われる検討に際して，都道府県知事の認可を受けていない幼稚園と類似の機能を有する施設・事業も対象とする検討を行うこととしています。今後，すべての子どもに質の高い幼児教育・保育の機会を保障するためには，一層の財源確保が課題となります。

〈註〉

＊1　住民税が課税されないケースには以下の３つがあります。⑴生活保護法
による生活扶助を受けている場合，⑵障害者，未成年者，寡婦（夫）で，
前年中の合計所得金額が 125 万円以下の場合，⑶扶養親族がおらず前年中
の合計所得金額が 35 万円以下の場合，もしくは扶養親族がいる場合で前年
中の合計所得金額が 35 万×（控除対象配偶者＋扶養親族数＋1）＋21 万
円以下の場合，です。世帯の全員が非課税の場合に「住民税非課税世帯」
に該当します。

＊2　就学前障害児の発達支援サービスには，児童発達支援，福祉型障害児入
所施設，医療型児童発達支援，医療型障害児入所施設，居宅訪問型児童発
達支援，保育所等訪問支援があります。

＊3　年収 360 万円未満相当世帯の子どもとすべての世帯の第３子以降の子
どもについては，副食（おかず・おやつ等）の費用が免除されます。

＊4　日本経済新聞「幼保無償化で便乗値上げ 政府『少なくとも 33 施設』」
（2019〈令和元〉年 11 月 7 日）。記事では新制度へ移行していない私立幼
稚園 4,044 施設のうち 619 園が値上げしたことも報じています。

〈参考文献〉

・池本美香「幼児教育無償化後の保育の現状と政策のあり方」日本総研
『Viewpoint』（2020 年）1−10 頁
・ジェームズ・J・ヘックマン，古草秀子訳『幼児教育の経済学』東洋経済新
報社（2015 年）
・田澤薫「幼保一元化の可能性に関する史的検討」『保育学研究』第 49 巻第
1 号（2011 年）18−28 頁
・村山祐一「戦後の『一元論』・『一元化・一体化政策』の動向と課題」日本
保育学会編『保育学講座２保育を支えるしくみ─制度と行政』東京大学出
版会（2016 年）51−89 頁

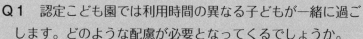

Question

Q1　認定こども園では利用時間の異なる子どもが一緒に過ご
します。どのような配慮が必要となってくるでしょうか。

Q2　教育・保育の質の向上にどのように取り組めばよいでし
ょうか。国，地方公共団体，園・施設，保育者に分けて考え
てみましょう。

施設型給付・地域型保育給付

　子ども・子育て支援新制度により，認定こども園，幼稚園，保育所を通じた共通の財政措置である「施設型給付」と，小規模保育，家庭的保育，居宅訪問型保育，事業所内保育（以下，小規模保育等）を対象とした「地域型保育給付」が創設されました。運営費の一部を公費で補助する制度が新しくなったのです。この給付制度は，利用者に対する個人補助を基本としています。ただし，確実に教育・保育に要する費用に充てるため，各施設が利用者の居住市町村から法定代理受領する仕組みです。なお，保育所についてはこれまでと同様に市町村が実施主体とされていることから（児童福祉法24条1項），私立保育所における保育の費用については，施設型給付ではなく，市町村が施設に対して，委託費として支払います（機関補助）。

　これらの新しい給付制度は，次のような意義があります。第一に，幼児期の教育・保育を提供する施設に対する財政措置を一元化することで，給付に係る事務や手続きを簡素化するとともに，幼児教育・保育の総合的な施策の展開を可能にしたということです。新制度は，就労にかかわらず保育の必要性に応じて子どもの教育・保育を保障することを目的としており，国と地方公共団体に費用負担義務が課されています。なお，私立幼稚園についてはこれまでと同様に，私学助成を受けるか，新制度による施設型給付を受けるかを選択できることとなっています。

　第二に，これまで十分な財政支援や指導監督を受けてこなかった小規模保育等を対象とする制度整備が行われたということです。特に，0・1・2歳児を受け入れているこれらの保育事業では，行政の支援が行き届かないために保育中の事故や保育の質が問題視されていました。給付の対象となれば，保育環境や施設設備，保育内容等について一定の基準を満たしていく必要があり，一定水準の質の保証が期待されます。

用語解説

CONTENTS

中央教育審議会

1章14・16頁, 3章33頁, 5章59頁, 6章68頁, 7章81頁, 9章107頁, 10章116・119・124頁, 11章129頁

中央教育審議会は，30人以内の学識経験者で構成される合議制の組織で，文部科学大臣の諮問に応じて意見を述べる機関です。教育の振興，生涯学習の推進を中核とした豊かな人間性を備えた創造的な人材の育成や，生涯学習に係る機会の整備に関する重要事項を調査審議し，意見を述べます（文部科学省組織令76条1項1号～4号）。意見（答申）に法的な拘束力はないものの，多くの重要な改革に影響を与えてきました。例えば，生きる力やゆとり教育，総合的な学習の時間を提唱した1996（平成8）年の「21世紀を展望した我が国の教育の在り方について（第1次答申）」，教育基本法改正について提言した2003（平成15）年の「新しい時代にふさわしい教育基本法と教育振興基本計画の在り方について」があります。第1章で触れた「令和の日本型学校教育」を示した答申を含め、近年提出された答申を確認してみましょう。

臨時教育審議会

1章15頁, 11章128頁

臨時教育審議会は，1984（昭和59）年，政府全体の責任において教育改革に取り組むため，内閣総理大臣の諮問機関として臨時教育審議会設置法により設置されました。1985（昭和60）年6月の第1次答申から1987（昭和62）年8月の最終答申まで，3年間に4つの答申をまとめています。最終答申では，21世紀に向けた改革の視点として①個性重視の原則，②生涯学習体系への移行，③国際化・情報化等の変化への対応を掲げました。いじめ，登校拒否，校内暴力等が，これまでの画一的，硬直的，閉鎖的な学校教育や教育行政の在り方に由来するとして①の視点を最も重視し，選択機会の拡大，個人の自由，自己責任の確立等を提言しました。基本的な考え方は，今日までの教育政策に大きな影響を及ぼしています。具体的な施策には，大学入学者選抜制度改革，6年制中等学校や単位制高等学校の設置，学習指導要領の大綱化，初任者研修の導入などがありました。

制定法

2章24頁

　制定法とは，法を制定する権限を持っている機関が制定する法のことです。日本における主な制定法には，①憲法，②法律，③命令（政令，省令〈府令〉），④地方自治体の自主法（条例等）があります。その効力関係は，①憲法＞②法律＞③命令（政令＞省令〈府令〉）＞④地方自治体の自主法，の順となります。①憲法とは，一般に国家の最高法規を指します。②法律とは，国会が制定する法形式です。教育関係の法律には，学校教育法や教育職員免許法などがありますが，教育界では他の法律と一線を画す法律として，教育基本法が重視されています。③命令とは，行政機関が制定する法形式の総称です。内閣が制定する「政令」と，各省（府）の大臣が制定する「省令（府令）」が代表的です。学校教育法を例にとると，学校教育法施行令は内閣が制定する「政令」に該当し，学校教育法施行規則は文部科学大臣が制定する「省令」に該当します。

小１プロブレム

4章49頁，6章74頁

　小１プロブレムとは，小学校１年生の学級において，教員の話を聞かない，勝手に授業中に立ち歩く，教室から退出するなど，授業規律が成立しない状態が一定期間継続する状態をいいます。遊びを中心とした幼稚園や保育所等での教育・保育と，教科等の学習を中心とする小学校教育では，教育内容や指導方法が異なっており，そうした環境の変化に適応できていないことが原因と考えられています。こうした課題への対応策として，幼稚園・保育所等と小学校の教職員間の連携や子どもの交流，カリキュラムや指導方法の改善などが行われています。例えば，合同研修をおこなったり，幼稚園・保育所等の子どもたちが小学校での授業を体験したり，行事に参加したりする取組みがあります。児童一人ひとりが充実した学校生活や学習を展開できるよう，学びの連続性を意識した「幼保小連携」の推進が一層求められています。

義務教育の段階における普通教育に相当する
教育の機会の確保等に関する法律（教育機会確保法）

6章77頁

　2016（平成28）年12月，議員立法により「教育機会確保法」が制定されました。同法は基本理念として，すべての児童・生徒が安心して教育を受けられるよう学校環境を確保することや，個々の不登校児童・生徒の状況に応じた支援が行われるようにすること等を明記しています（3条）。また，国・地方公共団体に対しては，特別の教育課程に基づく教育を行う学校（不登校特例校）の整備等（10条）や，教育支援センターなど学習支援を行う「公立の教育施設」の整備等（11条）が求められました。同法制定の過程において，超党派議員連盟は，当初，一定の条件下でフリースクール等の学校外における学習を義務教育として認める制度を検討していました。しかし，不登校を助長する等の批判を受けてこの仕組みが削除されるなど，当初の構想からは大きく変更されています。

任命権者，県費負担教職員

8章95頁，98頁

　任命権者とは，職員の任命，人事評価，休職，免職，懲戒等を行う権限を有するものをいいます（地方公務員法6条1項）。大学以外の公立学校の教員の場合，その学校を設置する地方公共団体の教育委員会が任命権者です（地方教育行政の組織及び運営に関する法律〈地教行法〉34条）。例えば，○○県立の高等学校の教員であれば○○県教育委員会が，指定都市である△△市立の小学校の教員であれば△△市教育委員会が任命権者となります。ただし，県費負担教職員については，都道府県教育委員会が任命権者となります（地教行法37条1項）。市町村立学校の教員は市町村の公務員であるため市町村が給与を負担するのが原則ですが，市町村立学校職員給与負担法により都道府県がその給与を負担する教職員を県費負担教職員といいます。例えば，●●県にある▲▲市立の小学校の県費負担教職員の任命権者は，●●県教育委員会です。

いじめ防止基本方針，地方いじめ防止基本方針，学校いじめ防止基本方針

いじめ防止対策推進法は，⑴文部科学大臣に対し「いじめ防止基本方針」を，⑵地方公共団体に対し「地方いじめ防止基本方針」を，⑶学校に対し「学校いじめ防止基本方針」をそれぞれ策定することを求めています（11条～13条）。

⑴　いじめ防止基本方針（11条）

文部科学大臣には，「いじめの防止等のための対策を総合的かつ効果的に推進するための基本的な方針」（いじめ防止基本方針）を定めることが義務づけられています。このいじめ防止基本方針には，①いじめの防止等のための対策の基本的な方向に関する事項，②いじめの防止等のための対策の内容に関する事項，③その他いじめの防止等のための対策に関する重要事項，の3つが含まれなくてはなりません。2013（平成25）年10月11日，文部科学大臣は「いじめの防止等のための基本的な方針」を策定しました（最終改定平成29年3月14日）。

⑵　地方いじめ防止基本方針（12条）

地方公共団体は，「いじめ防止基本方針を参酌し，その地域の実情に応じ，当該地方公共団体におけるいじめの防止等のための対策を総合的かつ効果的に推進するための基本的な方針」（地方いじめ防止基本方針）を定めるよう努めるものとされています。これは「努力義務」ですが，2022（令和4）年3月末現在，都道府県では100％，市町村では98.3％が策定済みとなっています（文部科学省「令和4年度児童生徒の問題行動・不登校等生徒指導上の諸課題に関する調査について」）。

⑶　学校いじめ防止基本方針（13条）

学校には，「その学校の実情に応じ，当該学校におけるいじめの防止等のための対策に関する基本的な方針」（学校いじめ防止基本方針）を定めることが義務づけられてます。その際，いじめ防止基本方針または地方いじめ防止基本方針を参酌することが必要です。

児童相談所

13章152頁, 154頁

　児童相談所とは，児童福祉法に基づき，原則として18歳未満の子どもに関する様々な相談に応じる行政機関です。都道府県と政令指定都市には児童相談所の設置義務が課されており，政令で定める市や特別区においても児童相談所を設置することが可能です。

　児童相談所は，家庭等からの相談に応じ，子どもが有する問題やニーズ，子どもの置かれた環境等を的確にとらえるとともに，個々の子どもや家庭に最も効果的な援助を行うことを目的としています。主な業務として，①児童に関する家庭等からの相談に応じること，②児童に必要な調査や，医学的，心理学的，教育学的，社会学的，精神保健上の判定を行うこと，③調査・判定に基づき必要な指導を行うこと，④児童の一時保護を行うこと，⑤施設入所等の措置を行うこと，等があります。特に児童虐待に関する相談件数は増加の一途を辿っており，児童相談所の体制強化が課題となっています。

私学助成

15章181頁

　「建学の精神」に基づく私立学校の特色ある教育活動は，多様化する国民のニーズに応じた教育を提供してきました。「令和4年度学校基本調査」によれば，私立学校に在学する者の割合は，幼稚園で約87％，高等学校で約34％，大学（学部）で約78％，短大で約95％です。このように，日本の学校教育の発展，充実にとって私立学校は重要な役割を果たしています。私学助成は，私立学校の振興を目的として，教育条件の維持向上，保護者の経済的負担の軽減，経営の健全化を図るために行われる公費助成です。教職員の人件費や教育研究に係る経費などの経常費や施設整備費に対する補助が行われています。都道府県が行う経常費助成費等の一部を国が補助する「私立高等学校等経常費助成費補助」や，施設の新増改築や耐震補強工事，アスベスト対策工事等に対して補助を行う「私立幼稚園施設整備費補助」などがあります。

【各章末・用語解説一覧】

執筆者一覧

◆編著者

内山　絵美子（うちやま・えみこ）　執筆章：第1章，第15章
現在：小田原短期大学専任講師
専攻：教育行政学・教育政策
主な所属学会：
　日本スクール・コンプライアンス学会，日本教育行政学会，
　日本教育経営学会，日本教育制度学会
主な著作：
　『学校教育制度概論　第3版』（分担執筆）玉川大学出版部（2022）

山田　知代（やまだ・ともよ）　執筆章：第2章，第8章
現在：多摩大学准教授
専攻：教育制度学・教育法規
主な所属学会：
　日本スクール・コンプライアンス学会，日本教育行政学会，
　日本教育制度学会，日本保育学会
主な著作：
　『三訂版　学校と法―「権利」と「公共性」の衝突―』（分担執筆）放
　送大学教育振興会（2020）

坂田　仰（さかた・たかし）　執筆章：第5章，第6章
現在：日本女子大学教授
専攻：公法学・教育制度学
主な所属学会：
　日本スクール・コンプライアンス学会，日本教育行政学会，
　日本保育学会，日本公法学会
主な著作：
　『幼児教育・保育制度改革の展望―教育制度研究の立場から―』（共編
　著）教育開発研究所（2020）

◆分担執筆者

※所属・肩書きは 2023（令和 5）年 11 月 1 日現在

堀井　啓幸　　常葉大学教授（第 3 章）

牧瀬　翔麻　　広島修道大学助教（第 4 章）

大西　圭介　　帝京科学大学特任助教（第 7 章）

高木　秀人　　文部科学省総合教育政策局地域学習推進課長（第 9 章）

加藤　崇英　　茨城大学教授（第 10 章）

佐久間　邦友　日本大学准教授（第 11 章）

小野　まどか　植草学園大学専任講師（第 12 章）

藤村　晃成　　大分大学准教授（第 13 章）

黒川　雅子　　学習院大学教授（第 14 章）

JSCP双書　No. 3

【新訂第２版】保育者・小学校教員のための教育制度論
―この１冊で基礎から学ぶ―

2023年12月20日　第1刷発行

編　集	内山 絵美子
	山田 知代
	坂田　仰
発行人	福山 孝弘
発行所	株式会社 教育開発研究所
	〒113-0033　東京都文京区本郷2-15-13
	電話　03-3815-7041
	FAX　03-3816-2488
	URL　https://www.kyouiku-kaihatu.co.jp
	E-mail　sales@kyouiku-kaihatu.co.jp
表紙デザイン	クリエイティブ・コンセプト
印刷所	中央精版印刷株式会社

落丁・乱丁本はお取り替えいたします。
定価はカバーに表示してあります。
ISBN978-4-86560-588-4　C3037